AF523143

Reichel
Verlag

Gordon Smith

Kontaktaufnahme

Zum Medium in drei Schritten

Aus dem Englischen
von Angelika Hansen

www.reichel-verlag.de

Covergestaltung Christian Wolf
info@artworkersdesign.de

ISBN 978-3-96959-99-1

Über den Autor

Gordon Smith, geb. 1962 in Glasgow, Schottland, gilt in Großbritannien als das derzeit fähigste und treffsicherste Medium in dem Maße, dass er genaue Angaben über Rufnamen, Wohnorte und sogar Straßennamen machen kann.

Von klein auf hatte Gordon die Fähigkeit, mit Wesen aus der geistigen Welt zu kommunizieren. Nach Jahren des medialen Studiums bei herausragenden spirituellen Lehrern arbeitet er seit über 30 Jahren medial. Er gibt öffentliche Demonstrationen seines Könnens, schreibt Bücher, organisiert Workshops und hat in seiner Arbeit rund um den Globus zahllose Menschen in ihrer geistigen Entwicklung inspiriert. Gordon Smith beeindruckt durch seine Natürlichkeit und Klarheit und plädiert für eine offene Zusammenarbeit von Wissenschaft und Spiritualität.

Dieses Buch ist allen gewidmet, die lernen wollen, wie sie ihr spirituelles Bewusstsein über ihr eigenes Leben und das Leben an sich erweitern können.

Ich möchte an dieser Stelle sowohl Kathy Sorley für ihre Arbeit an der ursprünglichen Form dieses Buches danken als auch Paul Smith und Stella Blair für die Inspiration, dieses Buch zu schreiben.

Inhalt

Einführung 9

Erste Stufe: Still sein 17
1. Der Anfang 18
2. Der Entwicklungskreis 47
3. Verbindung mit Spirit aufnehmen 84

Zweite Stufe: Sich öffnen 99
4. Ein- und Ausschalten 100
5. Begegnung mit Ihrem geistigen Führer 109
6. Vertrauen 131
7. Überschatten 137
8. Die Praxis 150

Dritte Stufe: Es geht los! 165
9. Reality Check 166
10. Private Readings 170
11. Arbeit auf der Bühne 187
12. Ein schwieriger Beruf 200
13. Lernen und Lehren 222

Nachwort 233
Weitere Informationen 235

Einführung

> *»Was immer du tun kannst oder erträumst tun zu können, beginne es. Kühnheit besitzt Macht, Genie und magische Kraft.«*
>
> *Johann Wolfgang Goethe*

Haben Sie schon jemals gedacht: »Es muss doch noch mehr im Leben geben als das?« Ich glaube, dass sich die meisten Menschen an irgendeinem Punkt in ihrem Leben diese Frage stellen und in der Regel zu bohrenden Fragen übergehen, wie zum Beispiel: »Warum bin ich hier?« Oder: »Was ist der Sinn meines Lebens?« Und: »Gibt es ein Leben nach dem Tod?« Dies gilt ganz besonders für Menschen, die das Gefühl haben, außersinnliche oder mediale Fähigkeiten zu besitzen.

Im Laufe der Geschichte hat es immer wieder Personen gegeben, die spezielle Fähigkeiten in Bezug auf Hellsehen, Heilung, Telepathie und sogar Kommunikation mit den sogenannten »Toten« gezeigt haben. Vielleicht werden Sie fragen: »Ist das alles nicht reiner Zufall?« Manche Leute würden es als solchen abtun, doch scheint die Reihe der hellsichtig begabten Personen, von denen immer wieder berichtet wird, darauf hinzudeuten, dass es Fähigkeiten gibt, die auch heute noch nicht restlos erklärt werden können, und dass es darüber hinaus Menschen gibt, die diese Fähigkeiten besitzen.

Ich möchte von vornherein klarstellen, dass ich nicht jemand bin, der an Zufälle glaubt. Und seit ich mich erinnern kann, bin ich mir eines Gefühls von etwas Fremdartigem bewusst gewesen, das in meiner Umgebung passierte – das Gefühl, wenn Sie so wollen, anders zu sein, ein wenig ungewöhnlich, mir Energien bewusst, die andere nicht zu sehen oder zu fühlen schienen. In meinen jungen Jahren hatte ich viele außersinnliche und telepathische Erlebnisse, für die niemand in meiner Familie eine Erklärung zu haben schien.

Als ich noch klein war, erschreckten diese Ereignisse meine Mutter und beunruhigten sie sehr. Ich war unglücklich darüber, der Grund für ihre Aufregung zu sein, also lernte ich schnell, diese Ereignisse für mich zu behalten. Dann, als ich Anfang zwanzig war, nach dem plötzlichen Tod eines engen Freundes meines Bruders, der bei einem Hausbrand ums Leben gekommen war und mich frühmorgens besuchte, um mir »Auf Wiedersehen« zu sagen, bevor er auf die geistige Ebene hinüberging, konnte ich nicht länger die Wahrheit dessen ignorieren, was ich sah, hörte und fühlte. Die Welt des Geistes – Spirit – forderte mich auf, aufzuwachen.

Also machte ich mich daran, diese geheimnisvollen Begebenheiten näher zu erforschen. Ich verspürte den starken Drang, mehr darüber zu lernen. Es war etwas, von dem ich fühlte, dass ich es einfach tun musste. Es war, als würde eine Stimme in meinem Inneren mich wieder und wieder rufen, bis ich endlich antwortete.

Kurz nachdem ich die Entscheidung getroffen hatte, meine Fähigkeiten weiter zu erforschen, beschloss ich, einem Entwicklungskreis von Spiritualisten beizutreten. Ich ging eines Donnerstagabends die ganze West Prince Street in Glasgow buchstäblich dreimal hinauf und hinunter und suchte die Adresse meiner neuen »spirituellen Schule«. Irgendwie gelang es mir nicht, das Haus zu finden, und ich beschloss, aufzugeben.

Zu meinem Glück fühlte sich Mrs Primrose, meine zukünftige spirituelle Lehrerin, aus irgendeinem Grund veranlasst, noch einmal zur Tür hinauszuschauen, bevor sie mit ihrem Unterricht begann. Wie es der Zufall wollte, ging ich gerade in diesem Moment zum dritten Mal an dem Haus vorbei. Sie sah mich und blickte suchend in meine Augen, bis hinein in meine tiefste Seele. Dann lud sie mich ein, hereinzukommen. Und so geschah es, dass meine wahre spirituelle Reise begann.

Ich bin fest davon überzeugt, dass Mrs Primrose genau in diesem Augenblick hinausschauen musste, ebenso wie ich an jenem Abend dort sein musste. Ich glaube nicht, dass Menschen, deren Aufgabe es ist, für die geistige Welt zu arbeiten, jemals zur falschen Zeit am falschen Ort sein können. Spirit sorgt dafür, dass so etwas schlichtweg nicht passiert. Wenn ich mich erinnere, wie nahe daran ich gewesen war, wieder nach Hause zu gehen und höchstwahrscheinlich nie mehr nach dieser Schule zu suchen, ist mir klar, dass Spirit dafür gesorgt und es mir unmöglich gemacht hat, einfach so vorbeizuschlüpfen.

Trotz der vielen außersinnlichen Erlebnisse im Laufe meiner Kindheit und frühen Jugend war der Beitritt zu diesem spirituellen Kreis erst der Beginn meines wahren Trainings. Jene frühen Erlebnisse stellten sich als flüchtige Blicke auf das heraus, was ich als Medium erreichen konnte, sollten meine Fähigkeiten entsprechend entwickelt sein.

An dieser Stelle eine kurze Bemerkung: Es gibt einen großen Unterschied zwischen hellsichtigen und medialen Fähigkeiten. Hellsichtige Fähigkeiten zu haben bedeutet, sich auf ein Objekt oder eine Person auf der irdischen Ebene einzustimmen und sie zu sehen. Ein Medium jedoch bietet eine Brücke für jene, die auf die andere Seite hinübergegangen sind. Wenn zum Beispiel jemand die Zukunft gesehen hat und diese genauso eingetroffen ist, dann handelt es sich dabei um ein hellsichtiges Ereignis. Dagegen besteht die Arbeit eines Mediums darin, die Botschaft einer Person in der Geistwelt jemandem in unserer Welt der Lebenden zu übermitteln. Alle Medien haben hellsichtige Fähigkeiten, doch ist nicht jeder Mensch mit hellsichtigen Fähigkeiten auch ein Medium. Das liegt daran, dass alle Medien außersinnliche Informationen sowohl von Lebenden als auch aus der Geistwelt empfangen.

Es gibt tatsächlich zahllose Personen überall auf der Welt, die sowohl hellsichtige als auch mediale Talente haben. Doch aus welchem Grund auch immer unternehmen nur wenige von ihnen den ernsthaften Versuch, diese Fähigkeiten weiterzuentwickeln. Sollten Sie einer dieser Menschen sein und das Gefühl haben, vielleicht dieses Talent zu besitzen, oder zumindest den Wunsch verspüren, anderen mit Unterstützung der Geistwelt zu helfen, dann sage ich Ihnen hiermit, dass ich dieses Buch ganz besonders für Sie geschrieben habe.

* * *

Wie können Sie also wissen, ob Sie wirklich ein Medium sein wollen? Die meisten Personen, die schließlich diese Arbeit ausüben, haben im Laufe ihres Lebens immer wieder paranormale Erlebnisse gehabt, oft schon seit früher Kindheit. Manche fühlen sich berufen, ihre Gabe zu erforschen und zu verstehen, während andere den Wunsch haben, Menschen zu helfen, und daher fühlen, dass dies der richtige Weg für sie ist. Wieder andere sind sich nicht sicher, was auf sie zukommt, würden jedoch gerne mehr über sich selbst, andere Menschen und die geistige Welt erfahren und sehen, wohin die Reise sie führt.

Wenn Sie zu jenen gehören, die weiterforschen wollen, finden Sie in diesem Buch sowohl den Werdegang einer möglichen Entwicklung als auch Erklärungen der verschiedenen Arten spiritueller Fähigkeiten und Einzelheiten darüber, welche Erfahrungen Sie unter Umständen während Ihrer Entwicklung zum Medium machen werden. Die Episoden und Erfahrungen, die ich erlebt habe, waren meine eigenen – Sie werden auf dieser Reise Ihre eigenen machen –, doch hoffe ich, dass meine Erfahrungen Ihnen eine Vorstellung von dem geben, was Sie vielleicht erwartet. Viele Medien, die ich kenne und mit denen ich gesprochen habe, haben ähnliche Reisen unternommen. Wenn Sie sich, in welcher Form auch immer, zu diesem Weg und der Arbeit mit Spirit berufen fühlen, würde ich mich freuen, wenn Sie ihn gemeinsam mit mir gehen, und ich lade Sie ein, ihn so lange zu beschreiten, wie Sie fühlen, dass Spirit mit Ihnen reisen möchte.

Die Reise zur Erkenntnis und vollen Entwicklung Ihrer besonderen Fähigkeiten kann und wird wahrscheinlich viele Jahre in Anspruch nehmen – wenn diese Zeit auch sehr schnell zu vergehen scheint! Seien Sie mutig genug, den Weg zu betreten, und vertrauen Sie darauf, dass er Sie an ein lohnenswertes Ziel bringt. Der Geist hat Sie aus einem bestimmten Grund berührt und wird Ihren Mut, weiterzugehen, zu würdigen wissen. Ich würde jedem, der das ernsthafte Bedürfnis verspürt, sich auf diese Reise zu begeben, den Rat ans Herz legen, mutig und so offen wie möglich für das zu sein, was Spirit ihm enthüllen wird, immer mit großer Demut, Vertrauen und Liebe.

Während meiner Zeit im Entwicklungskreis gab es immer zu viele Fragen, die unbeantwortet blieben – Fragen, die mich völlig irritiert, konfus und oft entmutigt zurückließen und mich schließlich dazu veranlassten, meine eigenen Antworten zu suchen. Erst jetzt, beim Schreiben dieses Buches, verstehe ich wirklich, warum ich mich auf die Suche nach der Wahrheit begeben habe. Alles, was ich gelernt habe, hatte einen bestimmten Zweck – um anderen Menschen so gut ich konnte, in Liebe und Ehrlichkeit, unter Führung des Geistes zu helfen in dem Wunsch, sie zu heilen. Ich nehme an, dass dies – auf Ihre ganz persönliche Weise – auch Ihre Aufgabe sein wird.

Außerdem möchte ich darauf hinweisen, dass es für Personen, die schwache Nerven oder tiefe Traumata erlitten haben, besser wäre, zunächst einen Entspannungs- oder Meditationskurs zu absolvieren, bevor sie einem Entwicklungskreis beitreten oder irgendeinen anderen Weg wählen, der spirituelles Bewusstsein fördert. Warum? Aus dem einfachen Grund, dass spirituelle Entwicklung eine intensive Erforschung Ihres Geistes, Ihres Selbst und Ihrer Emotionen erfordert, bevor Sie überhaupt anfangen können, sich mit der höheren Welt des Geistes zu beschäftigen. Der Weg ist lang, und das Terrain kann zuweilen sehr mühevoll und unüberwindlich erscheinen. Falls Sie also unter Traumata leiden, schnell nervös und aufgeregt sind oder Angst davor haben, sich zuerst diesen Tatsachen zu stellen, ist der richtige Zeitpunkt für eine Erforschung Ihrer hellsichtigen oder medialen Fähigkeiten noch nicht gekommen. Gehen Sie liebevoll mit sich um, und nehmen Sie sich Zeit, still zu werden. Das allein kann schon eine große Hilfe in Ihrem Leben sein. Der erste Teil dieses Buches wird Ihnen einige Ideen geben, wie Sie diese innere Stille finden können.

Wenn Sie sich also der möglichen Hindernisse bewusst sind und immer noch den geistigen Weg einschlagen wollen, dann sind Sie bereit für den nächsten Schritt auf Ihrer Reise. Sollte in Ihrem Inneren eine Stimme hörbar werden, wie leise sie auch sein mag, die Sie ruft und ermutigt, sich diesen Situationen zu stellen und die Konvention herauszufordern, dann schreiten Sie mutig voran! Wenn Sie nicht anders können und dieser Stimme folgen müssen, dann hat Ihre Suche nach einer Erweiterung Ihres geistigen Horizonts und der Entwicklung Ihrer medialen Fähigkeiten, ganz zu schweigen von der Entdeckung Ihres wahren Selbst und Ihrer spirituellen Natur, bereits begonnen.

Erste Stufe: Still sein

»Im Frieden kann sowohl nichts einem Mann als Demut und bescheidne Stille kleiden ...«

William Shakespeare

Diese allererste Stufe auf Ihrer Reise hat nur mit Ihnen zu tun. Es geht darum, herauszufinden, ob dieser Weg wirklich der richtige für Sie ist.

Außerdem geht es darum, zu lernen, wie Sie innere Ruhe finden und sich entspannen können. Wenn Sie lernen, still zu sein, werden Sie sich verändern – zu Ihrem Besten. Sie werden Ihren Geist heilen und die Schichten der Gefühle und Angst abschälen, die Ihre Gedanken vernebeln. Und wenn Ihr Geist erst einmal frei ist, können Sie klar den Weg hin zu Ihrer spirituellen Entwicklung sehen. Vielleicht beschließen Sie, regelmäßig allein oder in einer Gruppe zu meditieren, um Ihren Körper und Geist zu entspannen. Oder Sie beschließen, Ihre Heilfähigkeiten weiterzuentwickeln. Oder sich zum Medium auszubilden zu lassen. Wo immer Ihre Reise Sie hinführen wird, in jedem Fall geht es bei spiritueller Entwicklung darum, dass Sie sich selbst transformieren. Dadurch können Sie einen umfassenderen Blick auf das Leben erlangen, was dazu führt, dass Sie weniger Angst vor dem Tod haben und – noch wichtiger – weniger Angst vor dem Leben.

1. Der Anfang

»Unsere Gedanken machen uns zu dem, was wir sind, wir werden, was wir denken. Wenn der Geist rein ist, folgt die Freude wie ein Schatten, der nie vergeht.«

Buddha

Die Entwicklung spirituellen Bewusstseins beginnt mit uns selbst. Wenn wir lernen, uns selbst für das zu lieben, was wir sind – einschließlich unserer Schwächen und Fehler –, entwickeln wir Mitgefühl für uns selbst und automatisch auch für andere. Dieses Mitgefühl zu entwickeln ist in vieler Hinsicht eine wunderbare Sache, nicht zuletzt aus dem Grund, weil es unsere hellsichtigen Fähigkeiten automatisch vergrößert. Hellsichtige Begabung ist in Wahrheit Teil unserer Natur – mit anderen Menschen zu fühlen, ihren Schmerz, ihre Freude, uns bewusst zu sein, was in ihrem Leben passiert. Doch zuerst müssen wir uns selbst kennen – uns selbst finden, da wir uns im Laufe der Zeit so oft schon aus den Augen verloren haben.

Erst wenn Sie Ihr eigenes Selbst finden, werden Sie all Ihre Qualitäten entdecken – all jene wunderbaren Eigenschaften, die Sie sich bisher noch nicht zunutze gemacht haben. Diese Qualitäten sind da – Sie wissen es nur noch nicht! Sie können lernen, sich selbst zu heilen. Und sich tatsächlich selbst zu lieben.

Ein entscheidender Aspekt bei der Entwicklung medialer Fähigkeiten hat vor allem damit zu tun, sich bewusst zu werden, wer Sie sind, und in der Lage zu sein, darüber hinauszugehen. Das ist wichtig, weil Sie das Instrument dieser Arbeit sind – das Medium, durch das sie sich artikuliert. Einige Medien sind so in sich selbst gefangen, dass sie anderen Menschen Botschaften aus ihrem eigenen Leben weitergeben, und sehr häufig sind diese Botschaften sogar zutreffend, da Assoziationen aus unserem eigenen Leben für die Heilung anderer relevant sein können. Doch gibt es einen großen Unterschied zwischen diesen Botschaften und Informationen aus der Geistwelt. Wenn Sie innerlich klar sind, können Sie geistige Botschaften übermitteln. Fehlt Ihnen diese Klarheit, werden Sie nach wie vor in irgendeiner Weise auf sich selbst fokussiert sein. Um ein echtes Medium zu sein, müssen Sie sich selbst zurücklassen, über sich hinausgehen.

Doch sich selbst zu finden und zu akzeptieren ist auch dann von großem Wert, wenn Sie nicht als Medium arbeiten wollen. Es kann Ihnen bei allem helfen, was Sie in Ihrem Leben tun. Dadurch werden Sie in der Lage sein, Ihr Bewusstsein zu erweitern und die Welt um Sie herum mit größerer Wachheit und Mitgefühl wahrzunehmen.

Benutzen Sie Ihre Sinne

Jeder von uns kann sein Bewusstsein auf irgendeine Weise erweitern. Wir alle haben fünf Sinne, und keiner von uns benutzt sie in ihrem ganzen Umfang. Wir neigen dazu, uns durchs Leben treiben zu lassen, ohne uns wirklich bewusst zu sein, wer wir sind, wo wir sind oder was um uns herum passiert. Es fällt uns nur allzu leicht, uns auf bestimmte Dinge zu fokussieren, uns im Drama des Lebens zu verheddern und den Rest nicht wahrzunehmen. Zu häufig vergessen wir, außer den Schrecknissen der Welt auch ihre Schönheiten zu sehen.

Einer der Gründe, warum wir unsere Tage in diesem engstirnigen Zustand verbringen, ist die Angst, uns dem Leben wirklich ganz zu öffnen. Letztlich ist es das, vor dem wir uns alle fürchten: uns voll auf das Leben einzulassen. Denn das bedeutet, mehr Verantwortung für uns selbst und unsere Handlungen zu übernehmen. So vielen von uns mangelt es an Selbstvertrauen, und wir glauben, nicht stark genug zu sein. Doch das Entwickeln unseres spirituellen Bewusstseins wird uns die Kraft geben, uns mehr einlassen zu können – unser Leben wach und mit allen Sinnen zu leben, statt wie ein Schlafwandler vor uns hinzustolpern.

Wenn Sie Ihre fünf Sinne wirklich benutzen, kann das zunächst wie eine Offenbarung sein. Die Erkenntnis, dass es da draußen andere Menschen gibt, die genauso fühlen wie Sie, kann manchmal sehr beruhigend sein. Außerdem beginnen Sie zu sehen, dass das Leben mehr ist als Ihr kleines Fischglas, in dem Sie immer im Kreis herumschwimmen – Sie gewinnen ein Gespür, mit etwas Größerem verbunden zu sein, einem ungeheuren Strom des Lebens, von dessen Existenz Sie nie gewusst haben.

Und eine wunderbare Nebenwirkung geht mit dieser Erkenntnis des Lebens in all seinen Formen einher: Ihr Optimismus wird größer – Ihr Gefühl für das Positive. Was immer Ihnen passiert, Sie werden anfangen, ein positiveres Leben zu führen.

All das ist gut und erstrebenswert – wie können Sie diesen Zustand also erreichen? Ganz einfach: durch das Entwickeln Ihrer fünf Sinne. Es hat damit zu tun, andere Menschen wirklich anzuschauen, wirklich in der Lage zu sein, sich auf sie einzustimmen und sie zu (er)kennen. Es geht darum, nicht nur die fünf physischen Sinne des menschlichen Körpers zu benutzen, sondern darüber hinaus einen sechsten Sinn, der »einfach weiß, was Sache ist«. Es geht darum, auf Ihre innere Stimme zu hören.

Die innere Stimme

Wir alle haben eine innere Stimme – eine Stimme, die uns mit unserem höheren Selbst verbindet. Es ist die Stimme, die wir hören, wenn wir im Begriff sind, etwas Dummes zu tun – es aber dennoch tun! Es ist die Stimme, die uns in den Ohren liegt und drängt, jemand Bestimmten anzurufen, da wir »einfach wissen«, dass irgendetwas mit ihm nicht in Ordnung ist.

Häufig hören die Menschen diese innere Stimme, ignorieren sie jedoch. Dabei ist sie der Teil von uns, der uns mit den höheren Kräften in Verbindung bringen kann, und wir alle wären gut beraten, auf diese Stimme zu hören. Manche Menschen glauben in solchen Momenten, dass es irgendwelche Geister sind, die zu ihnen sprechen, doch in Wahrheit ist es ihre eigene Stimme.

Wenn wir still in uns ruhen, können wir lernen, uns mit unserer eigenen Stimme, mit uns selbst zu verbinden. Viele Menschen verlieren den Kontakt mit ihrer inneren Stimme und suchen nach anderen Wesen, damit diese sie im Leben führen können – entweder andere Menschen oder höhere Wesenheiten, die sie um Hilfe bitten. Stattdessen sollten Sie sich jedoch von Ihrer inneren Stimme führen lassen. Sie wird Ihnen im täglichen Leben helfen, Sie heilen und Ihnen die Möglichkeit geben, Ihr wahres Selbst zu erkennen.

Wenn wir unserer inneren Stimme folgen, wenn wir erkennen, wer wir spirituell sind, können uns auch die Wesen auf der anderen Seite erkennen, und dann haben wir die Möglichkeit, Verbindungen mit der Geistwelt aufzubauen. Doch wenn wir nicht wissen, wer wir sind, wenn wir nicht zentriert sind und in uns selbst ruhen, werden wir nicht in der Lage sein, diese Verbindung herzustellen. Das ist ein weiterer Grund, warum der wichtigste erste Schritt darin besteht, unser eigenes wahres Wesen zu erkennen.

Ein Ort, um sich zu entwickeln

Wenn Sie sich bereit fühlen, diesen Anfangsschritt zu machen, ist Ihre erste und wichtigste Aufgabe, einen Ort zu finden, wo Sie Ihre Fähigkeiten in Ruhe entwickeln können. Brauchen Sie die Hilfe einer Gruppe? Oder ist diese spirituelle Entwicklung ohne fremde Hilfe möglich?

Im Laufe meiner Entwicklungsjahre als Medium habe ich festgestellt, dass es am besten ist, Personen zu finden, die bereits einige Erfahrung mit spiritueller Arbeit haben. Eine Gruppe wird ein Netzwerk der Hilfe, Führung und einen wesentlich größeren Umfang an Erfahrung bieten, als Sie allein erreichen können.

Zu diesem Zweck empfiehlt es sich, eine spiritualistische Kirche oder eine ähnliche Organisation zu finden und einfach zu fragen, ob Sie ihr beitreten können. Falls diese Gruppe selbst keine Entwicklungskurse anbietet, sollte sie in der Lage sein, Ihnen eine seriöse Adresse für solche Kurse zu nennen. Wie bei allen wichtigen Dingen im Leben zahlt es sich aus, sich umzusehen und genau das zu finden, von dem Sie fühlen, dass es das Richtige für Sie ist.

In Großbritannien würden Sie keine Probleme haben, eine spiritualistische Kirche zu finden; vielleicht leben Sie jedoch in einem Land, in dem diese Gruppen und Organisationen selten anzutreffen sind. Zum Glück steht uns heute dank des Internets durch das simple Anklicken einer Taste eine unglaubliche Menge an Informationen zur Verfügung, und am Ende dieses Buches finden Sie einen Anhang, der Ihnen diesbezüglich vielleicht hilfreich sein kann.

Sollten Sie Schwierigkeiten haben, eine Gruppe in Ihrer Nähe zu finden, tun Sie es den ersten Spiritualisten gleich: Finden Sie ein paar gleichgesinnte Freunde, und starten Sie Ihre eigene Gruppe. Sie können einen Kreis von drei oder mehr Teilnehmern bilden; zu meinem ersten Kreis kamen sechs Interessenten. Idealerweise sollten es nicht mehr als zwölf Teilnehmer sein, da es für eine Person allein zu schwierig wird, eine größere Gruppe auf einmal zu leiten.

In jedem Fall ist es wesentlich besser, in einer Gruppe zu arbeiten als allein. Wenn Sie Ihre Entwicklung auch allein in Angriff nehmen können, werden Sie dennoch ohne die Führung anderer mit ähnlichen Erfahrungen nicht weit kommen.

Entwicklungskreise

Wo immer Sie sind, können Sie davon ausgehen, dass es eine Vielzahl verschiedener Gruppen mit unterschiedlichen Namen gibt, wenn sie kollektiv auch alle als »Kreise« bezeichnet werden.

Offene und geschlossene Kreise

Es gibt zwei Arten von Kreisen: »offene« und »geschlossene«. Offen bezieht sich auf einen Entwicklungskreis, bei dem alle willkommen sind, was bedeuten kann, dass von Woche zu Woche unterschiedliche Teilnehmer anzutreffen sind. Ein geschlossener Kreis ist wesentlich intimer und privater und setzt sich in der Regel aus Mitgliedern zusammen, die bereits Erfahrung mit der Geistwelt haben, sich jede Woche zusammenfinden und eine Beziehung gegenseitigen Vertrauens aufgebaut haben.

Normalerweise beginnen Sie Ihre Entwicklung in einem offenen Kreis und werden dann von dem Leiter/der Leiterin eines geschlossenen Kreises eingeladen, dieser Gruppe beizutreten. Häufig werden geschlossene Kreise in der Wohnung eines der Teilnehmer abgehalten statt in einer Kirche oder ähnlichen spiritualistischen Organisation. Jedoch gibt es überall auf der Welt offene Kreise und – wie der Name besagt – sind diese Kreise offen für alle. (Vor allem in Großbritannien nennt die Spiritualist Nation Union, SNU, in ihrer Liste individueller Kirchen auch offene Kreise. Entsprechende Details finden Sie im Anhang am Ende dieses Buches.) Ich persönlich habe meine Ausbildung in einer offenen Entwicklungsgruppe begonnen, die sich regelmäßig in einer spiritualistischen Kirche traf.

Der hauptsächliche Unterschied zwischen den Kreisen besteht in der Anzahl der Mitglieder, die zu einem Kreis gehören können. Während an einem wöchentlich stattfindenden geschlossenen Kreis nicht mehr als zwölf Personen teilnehmen, können es bei einem offenen Kreis 50 oder 60 sein, je nach Möglichkeit und Teilnahme. Jedoch kann bei diesem Grad an Beteiligung – was bedeutet, dass es oft nicht möglich ist, zuverlässig jede Woche einen Kreis abzuhalten – die Anzahl der Teilnehmer von Woche zu Woche schwanken. Alles in allem gibt es für jeden Interessierten Möglichkeiten, seine spirituellen Fähigkeiten entsprechend seiner Wünsche und Gegebenheiten zu entwickeln.

Sie müssen sich wohlfühlen

Die Wahl des Kreises bzw. der Gruppe liegt vollkommen bei Ihnen. Ob Sie zu einem weiter entfernten Kreis fahren oder an einem in Ihrer Nähe teilnehmen, ob Sie in einem offenen Kreis bleiben oder einem geschlossenen beitreten, in jedem Fall sollten Sie einen finden, der am besten zu Ihrer Persönlichkeit passt.

Wann immer Sie die ersten Schritte machen, ist es wichtig für Sie zu wissen, dass Ihre spirituelle Entwicklung in der sicheren Umgebung einer richtig kontrollierten Gruppe stattfindet, geleitet von einer liebevollen und wohlwollenden Persönlichkeit. Prüfen Sie, ob Sie sich in dieser Gruppe wirklich wohlfühlen. Versuchen Sie, die um Sie herum geschehenden Dinge mit Dankbarkeit und vor allem unter Berücksichtigung des gesunden Menschenverstandes zu sehen. Entwicklungskreise unterscheiden sich deutlich und gehen durch ihre eigenen Phasen der Veränderungen und des Wachstums, also versuchen Sie, die Verbindung mit einer Gruppe aufzunehmen, die sich für Sie gut und richtig anfühlt.

Ihre inneren Empfindungen, Ihr Instinkt, wenn Sie so wollen, Ihr »Bauchgefühl« wird Ihnen sagen, ob Sie das richtige Umfeld gefunden haben.

Wenn Sie mit Ihrem Kreis nicht glücklich oder ihm entwachsen sind, haben Sie die Freiheit, jederzeit einen anderen zu finden. Ein Kreis lebt von positiver Energie und wird nicht funktionieren, wenn seine Mitglieder unglücklich sind.

Treten Sie nicht einem großen offenen Kreis bei, wenn Sie sich dabei unwohl fühlen. Es ist schwieriger, in privaten Entwicklungskreisen aufgenommen zu werden, doch wenn Sie die Chance haben, sollten Sie sie ergreifen, da die Entwicklung in diesen intimeren Gruppen schneller vonstatten zu gehen scheint, in erster Linie aufgrund der Intensität der spirituellen Energie und Gegebenheiten, die sich zwischen den Teilnehmern entwickeln, sowie der von Woche zu Woche wachsenden Vertrautheit untereinander.

Vergessen Sie nicht, dass Sie jederzeit einen eigenen Kreis bilden können, falls Sie keine Gruppe mit einer oder mehreren gleichgesinnten Personen finden, die sich für Sie richtig anfühlt.

Vor Kurzem hielt ich in Deutschland ein Seminar für eine Gruppe von Personen, die ihre medialen Fähigkeiten entwickeln wollten. Es war von Anfang an klar, dass sie alle sehr wenig Erfahrung hatten und es ihnen nichts bringen würde, mediale Praktiken zu lernen. Also entschloss ich mich, ihnen zunächst einige einfache Entspannungs- und Meditationsübungen zu zeigen. Ich merkte schnell, dass dies für die Gruppe viel besser war und es den Teilnehmern Spaß machte, Schritt für Schritt vorzugehen und zuerst die grundsätzlichen Voraussetzungen zu lernen. Dann erklärte ich ihnen, wie sie ihre eigenen Kreise bilden konnten, und am Ende des Seminars hatte die Gruppe beschlossen, einen Kreis zu bilden und sich einmal in der Woche im Haus eines der Teilnehmer zu treffen und die einfachen Übungen zu praktizieren, die ich ihnen gezeigt hatte.

Während Sie nach einer Gruppe suchen oder nach Personen, um Ihren eigenen Kreis zu bilden, können Sie dennoch bereits mit Ihrer spirituellen Entwicklung beginnen. Ich bin oft gefragt worden – vor allem von Menschen, denen es nicht möglich zu sein scheint, eine Gruppe zu finden –, inwieweit man allein Fortschritte machen kann. Bis zu einem gewissen Grad können Sie sicher auf Ihrem Weg vorankommen, und es würde mit Sicherheit nicht schaden, bestimmte Übungen zu machen, vor allem solche, die sich auf Entspannung und Meditation fokussieren, so wie es die deutsche Gruppe getan hat.

Meditation

Ob Sie Mitglied eines Entwicklungskreises sind oder nicht, meiner Meinung nach ist es immer gut, Meditation zu lernen. Die Praxis der Meditation ist etwas, was jeder in sein Leben integrieren kann. Es ist etwas, was Sie allein oder, wenn Sie wollen, gemeinsam mit anderen tun können.

Meditieren bedeutet einfach, Ihren Geist von den Belastungen der Welt abzuwenden und sich auf eine innere Reise zu begeben. Es ist eines der einfachsten Dinge, die man tun kann – Sie müssen weder Ihren Körper verrenken noch Stunden damit verbringen, einen Raum entsprechend vorzubereiten, noch ein Leben in Abstinenz führen (es sei denn, Sie möchten es). Als Erstes müssen Sie also erkennen, dass Meditation nichts Kompliziertes ist. Manche Menschen sehen, sobald sie mit etwas Neuem konfrontiert werden, nichts als Schwierigkeiten und haben dann das Gefühl, dass Meditation eine fremdartige östliche Praxis ist, zu der gehört, dass man den Körper in alle möglichen Verrenkungen verbiegt oder stundenlang in der gleichen Position bleibt und an nichts denkt. Und wie sollte einem so etwas jemals gelingen können? Selbst an nichts zu denken bedeutet immer noch, zu denken, ist es nicht so?

Keine Sorge, Sie müssen sich nicht in physische oder metaphysische Knoten schnüren. Wenn wir meditieren, trainieren wir unseren Geist, das ist alles.

Für die meisten Menschen ist der »Geist« der Bereich ihres Wesens, wo sie im Stillen denken oder beten, wo sie träumen, sich Dinge ausmalen oder sich über das Leben Sorgen machen. Sehr selten wird der Geist als ein Ort betrachtet, an dem man Verstehen oder Frieden findet; für spirituell Suchende ist es jedoch am allerwichtigsten, sich an das innere Selbst zu gewöhnen, mit ihm vertraut zu werden und mehr darüber zu lernen, um diesen Frieden zu finden. Und dazu sind wir alle fähig, wenn sich auch nur wenige Menschen jemals die Zeit in ihrem mit Terminen vollgepackten Leben nehmen und versuchen, den Verstand zum Schweigen zu bringen oder auf einer tieferen Ebene Kontemplation zu betreiben, oder auch um einfach nur still Inventur zu machen und zu sehen, wo sie sich an diesem bestimmten Zeitpunkt in ihrem Leben befinden.

Außerdem bringt uns Meditation mit dem Geist in uns in Kontakt. Und von dieser Ebene aus können wir anfangen, unser Bewusstsein auszudehnen und die Verbindung zu unserem höheren Selbst aufzunehmen. Wenn wir eine Weile den Verstand zur Ruhe kommen lassen und den spirituellen Teil unseres Wesens an die Oberfläche steigen lassen, verbinden wir uns dadurch erneut mit dem allumfassenden spirituellen Fluss des Lebens. Wir bringen unseren Verstand und unseren Körper zur Ruhe und lassen Spirit die Kontrolle übernehmen. So einfach ist das.

Ich bin überzeugt, dass es für jeden Menschen, der sich auf eine spirituelle Reise begeben möchte, sehr gut ist, seine innere Welt kennenzulernen. Es kann uns wirklich helfen, besser zu verstehen, wer wir sind und was unsere Aufgabe in diesem Leben ist.

Es ist ganz einfach

Wenn Sie sich zum ersten Mal auf die Meditation vorbereiten, ist es klug, sich keine großen Ziele zu setzen. Wenn Sie erwarten, dass Sie durch stilles Hinsetzen, Augenschließen und Anhören leiser Musik Erleuchtung finden, werden Sie mit ziemlicher Sicherheit enttäuscht sein. Auch sollten Sie nicht davon ausgehen, dass Ihnen hellsichtige Vorhersagen über die Zukunft der Welt gegeben oder Sie in erhabene Sphären der Geistwelt getragen werden. Ich bedaure, Sie davon in Kenntnis setzen zu müssen, dass so etwas mit hoher Wahrscheinlichkeit nicht passieren wird. Stattdessen lernen Sie einfach, still zu sein. Lernen Sie, Ihren Körper und Ihren Geist durch Ihr Atmen in einen harmonischen Rhythmus zu bringen.

Machen Sie es sich am Anfang ganz leicht. Setzen Sie sich irgendwohin, wo Sie sich wohlfühlen und möglichst nicht gestört werden. Geben Sie sich genügend Zeit – plagen Sie sich nicht mit dem Gedanken, dass Sie vielleicht nur ein paar Minuten haben. Diese Art des Denkens wird nur dazu führen, dass Sie sich gestresst fühlen – das genaue Gegenteil dessen, was Sie erreichen wollen.

Meditation üben

Setzen Sie sich so hin, wie es Ihnen am bequemsten ist. Wenn Sie gerne auf einem Stuhl sitzend meditieren möchten, dann tun Sie es; oder wenn Sie lieber auf dem Boden sitzen möchten, dann tun Sie das – wichtig ist, dass Sie sich ganz entspannt fühlen. Wenn es um eine sitzende Position geht, würde ich Ihnen nur empfehlen, Ihren Rücken so gerade zu halten, wie Ihr Körper es zulässt, und Ihre Beine nicht übereinanderzuschlagen, da dies den Blutfluss im Körper behindern kann. Allerdings ist diese Maßnahme nur wichtig, wenn Sie Ihre medialen Fähigkeiten entwickeln wollen; bei anderen Formen der Meditation macht es keinen Unterschied, ob Ihr Rücken gerade ist oder Sie die Beine übereinanderschlagen.

Manche Menschen mögen es, während der Meditation Musik zu hören, während andere es vorziehen, einfach nur still dazusitzen. Auch hier gilt: Tun Sie, was immer sich für Sie richtig anfühlt!

Am Anfang lernen Sie einfach nur, zu sitzen und zu atmen und darauf zu achten, dass Ihr Körper und Ihr Geist ins Gleichgewicht kommen. Als Nächstes ist das Atmen dran. Wenn Sie noch nie Atemübungen gemacht haben, mag es sich zunächst ungewohnt anfühlen, doch geben Sie nicht auf, denn Atmen ist der Fokus Ihrer Meditation und der grundlegende natürliche Rhythmus des Körpers. Darüber hinaus sorgt Ihr Gehirn automatisch dafür, dass Sie atmen – wenn Sie sich also darauf fokussieren, übernehmen Sie sozusagen die Kontrolle.

Richtiges Atmen geschieht dann, wenn Sie durch die Nase einatmen, auf langsame, bewusste Weise tief in Ihre Lunge hinein. Versuchen Sie, Ihre Lunge mit so viel Luft wie möglich anzufüllen, bevor Sie langsam und bewusst wieder ausatmen. Diese Art der Atmung sollte zur Folge haben, dass Ihr Körper sich anfühlt, als würde er sich in alle Richtungen ausdehnen, wenn Sie einatmen, und zusammenziehen und entspannen, wenn Sie ausatmen.

Als ich mit dem Meditieren anfing, habe ich mir manchmal die Hand auf den Bauch gelegt und gefühlt, wie er sich beim Einatmen dagegendrückte. Und wenn ich ausatmete, drückte ich wieder sanft mit der Hand auf meinen Bauch, um ihn flach zu machen, während die Luft aus meinem Körper strömte. Das half mir, mir den Rhythmus bewusst zu machen, den ich durch meine Meditation zu erreichen hoffte.

Das Fokussieren auf den Atem und die Bewegung des Körpers ist alles, was Sie am Anfang brauchen. Vielleicht werden Sie merken, dass Ihnen während dieser Übung Gedanken in den Sinn kommen, doch versuchen Sie in diesen frühen Stadien nicht, diese Gedanken zu verscheuchen oder alle Gedanken abzustellen. Stattdessen seien Sie sich der Gedanken bewusst, und versuchen Sie, ihnen keine Aufmerksamkeit zu schenken. Wann immer Sie diese Art der Unterbrechung bemerken, nehmen Sie einfach wieder Ihr Atemmuster auf.

Außerdem wäre es klug, sich zunächst immer nur kurze Zeit hinzusetzen. Auf diese Weise lernen Sie, mentale Stärke zu entwickeln. Ihren Geist in der Meditation zu trainieren ist dasselbe, wie Ihren Körper durch Sport zu trainieren. Es wäre unklug, zu versuchen, einen Marathon zu laufen, ohne zunächst mit sehr kurzen Sprints anzufangen. Daher würde ich vorschlagen, mit 10 oder 15 Minuten Meditation zu beginnen, und wenn Sie sich so lange halten können, ohne ständig abgelenkt zu werden oder einzuschlafen, können Sie den Zeitraum verlängern. Vergessen Sie nicht, das Schlimmste, was Ihnen in einer solchen Übung passieren kann, ist, dass Sie sich nicht konzentrieren können oder tatsächlich vom Schlaf übermannt werden.

Also, warum versuchen Sie es nicht einfach mal? Die folgende Meditation von meiner CD Gordon Smith *An Introduction to the Spirit World* wird Ihnen helfen, sich wieder mit sich selbst zu verbinden, mit dieser inneren Stimme, von der wir gesprochen haben.

Die Verbindung mit Ihrer inneren Stimme aufnehmen

* Setzen Sie sich zunächst bequem hin. Fühlen Sie sich entspannt und ruhig. Achten Sie darauf, keine enge oder unbequeme Kleidung zu tragen.
* Schließen Sie die Augen.
* Achten Sie auf Ihre Haltung. Versuchen Sie, so gerade und unbeweglich wie möglich zu sitzen. Wenn Sie merken, dass Ihr Kopf nach vorne oder zur Seite fällt, können Sie versuchen, sich einen feinen Faden vorzustellen, der an Ihrem Scheitel befestigt ist und Sie sanft nach oben zieht.
* Nachdem Sie jetzt Ihre Haltung korrigiert haben, ist es sehr wichtig, dass Sie lernen, in der richti-

gen Weise zu atmen. Durch die Nase einzuatmen und so viel Luft wie möglich tief in Ihre Lungen zu lassen, entspannt Ihren Körper und erlaubt Ihnen, ein erstes Gefühl inneren Friedens zu empfinden.

* Spüren Sie bei diesem tiefen Einatmen bewusst, wie Ihre Lungen sich mit Luft füllen, die Ihren Bauch anschwellen lässt ... und lassen Sie beim Ausatmen los. Entspannen Sie sich einfach, und lassen Sie die Luft aus Ihrem Körper strömen.
* Fangen Sie an, sich des natürlichen Rhythmus Ihres Körpers bewusst zu werden, während Sie sanft durch die Nase ein- und ausatmen.
* Fühlen Sie den natürlichen Rhythmus und die Harmonie, die beim Atmen durch den Körper fließt. Das ist die grundlegende natürliche Harmonie des physischen Körpers.
* Benutzen Sie Ihren Geist, um sich auf die Luft zu fokussieren, die durch Ihre Nase ein- und ausströmt.
* Fixieren Sie sich auf diese Vorstellung von der Luft, wie sie in den Körper hinein- und wieder herausfließt.
* Machen Sie sich das Gewicht Ihres Körpers bewusst.
* Und machen Sie sich bewusst, dass Sie damit die erste Trennung von Geist und Körper visualisieren. Ihr Fokus ist auf Ihre Atmung gerichtet, und Ihr Körper ist automatisch in einem Zustand des Atmens in seinem eigenen, natürlichen Rhythmus.

- Visualisieren Sie, wenn Sie mögen, eine Fülle reinen weißen Lichtes, das sich direkt über Ihrem Scheitel befindet, und erlauben Sie diesem Licht, sich durch Ihren Kopf tief nach unten in Ihren Körper zu ergießen und ihn mit seinem herrlichen weißen Leuchten zu erfüllen.
- Machen Sie sich bewusst, wie leicht und hell Ihr Körper sich anfühlt.
- Lassen Sie das weiße Licht im Rhythmus Ihres Atems durch Ihren Körper strömen.
- Und fühlen Sie den Frieden, den es mit sich bringt.
- Achten Sie darauf, wie leicht und subtil Sie sich fühlen, so als könnten Sie nach oben steigen, hoch hinauf und weg von Ihrem Körper, in die höheren Sphären des Geistes, wo Sie Klarheit finden und erkennen, dass alles gut ist, so wie es ist.
- Und ruhen Sie im Frieden mit sich selbst in der Erkenntnis, dass Sie in diesem Seinszustand still, von Frieden erfüllt und zufrieden sind.
- Erlauben Sie sich, Ihrem Körper von dieser höheren Geistesebene Signale zu schicken, indem Sie jene leise innere Stimme benutzen, die Verstand und Geist miteinander verbindet. Senden Sie Ihrem Körper positive Signale des Friedens und des Wohlgefühls.
- Sie werden spüren, dass Sie in diesem Zustand der Klarheit keine Angst empfinden und dass alle Ängste, die der Körper angesammelt und festgehalten hat, in diesem Zustand inneren Friedens losgelassen werden können.

* Schicken Sie Ihrem Körper Signale, dass alles gut ist. Und dass Sie dort sind, wo Sie sein sollen.
* Seien Sie still, wenn um Sie herum alles in Bewegung ist.
* Behalten Sie angesichts aller Widrigkeiten die Ruhe.
* Und erkennen Sie, dass Sie diese höhere Ebene des Seins nach Wunsch betreten können und dass es Ihr Recht ist, dies jederzeit zu tun.
* Nehmen Sie sich ein wenig Zeit, um diesen erhabenen geistigen Zustand zu genießen.
* Fangen Sie an, sich in diesem Seinszustand wohlzufühlen.
* Und erkennen Sie, dass sich um Ihren Körper herum dieses herrliche strahlend weiße Licht in alle Richtungen ausdehnt.
* Fühlen Sie, wie sich das Licht sanft auf Ihren Körper zubewegt, alte Narben und schmerzhafte Erinnerungen heilt und Licht auf alle Ängste und Ungewissheiten scheint, die sich im Körper angesammelt haben.
* Fühlen Sie das Licht, wie es in Ihren Körper flutet, sich dann in einer Aufwärtsbewegung nach oben ausbreitet und durch Ihren Scheitel austritt.
* Fühlen Sie den Frieden, der jetzt Ihren Körper erfüllt, und spüren Sie die Wiedervereinigung mit dem höheren Teil Ihres Seins, der Sie mit allem, was ist, verbindet.
* Fühlen Sie die Entspannung, die Ihr Körper zugelassen hat.

- Und fangen Sie erneut an, tief in Ihre Lungen zu atmen und sie mit Luft zu füllen.
- Machen Sie sich das Gewicht Ihres Körpers bewusst, während Sie entspannt dasitzen.
- Werden Sie sich bei jedem Einatmen stärker bewusst, wo Ihr Körper ist; verbinden Sie erneut Geist und Körper mit Ort und Zeit, indem Sie sich selbst sagen: »Ich komme zurück, verbinde mich erneut …«
- Nehmen Sie erquickende, tiefe Atemzüge. Saugen Sie den Sauerstoff tief in Ihren Körper und schalten Sie wieder Ihren klaren Verstand ein, bereit, in den Wachzustand des Bewusstseins zurückzukehren.
- Kehren Sie zurück.
- Öffnen Sie die Augen.
- Atmen Sie tief, und erlauben Sie Ihrem Körper, die Entspannung und den Frieden beizubehalten, den er soeben gekostet hat.
- Jetzt sind Sie bereit, den Tag zu beginnen.

Jedes Mal, wenn ich diese Übung gemacht und sie anderen gezeigt habe, die ihre Reise gerade erst begannen, habe ich festgestellt, dass jeder sich danach positiver und entspannter fühlte. Ich hoffe, Ihnen geht es genauso.

Immer mit der Ruhe

Machen Sie es sich am Anfang leicht. Manche Leute empfehlen vielleicht, von Anfang an eine Stunde zu meditieren. Doch kann es sein, dass Sie das Stillsitzen so lange nicht aushalten – und wenn Sie noch keine Erfahrung mit Meditation haben, warum sollten Sie dazu auch in der Lage sein? Es lohnt sich zu praktizieren, wenn Sie sich dazu bewogen fühlen, doch übertreiben Sie es nicht – es ist nicht so, dass Sie sich schneller entwickeln, je mehr Sie meditieren. Meditation bietet Ihnen lediglich einen Ort der Ruhe, an den Sie sich begeben können, um Dinge auf geistiger Ebene zu verarbeiten. Meditation ist die Theorie, wenn Sie so wollen, und die praktische Arbeit tun Sie in Ihrem alltäglichen Leben. Die Idee ist, sich nicht von der Welt abzutrennen, sondern durch das Leben in der Welt spirituell zu werden. Also lassen Sie sich Zeit – selbst ein paar Minuten einmal täglich sind besser als nichts. Diese wenigen Minuten stellen bereits eine Verbesserung dar; sie sind ein Schritt hin zu dem Zustand, den Sie erreichen wollen und, was noch wichtiger ist, ein Schritt hin zur Verbesserung Ihrer Denkweise und zur Heilung jeglicher Probleme und Ängste, die Sie vielleicht haben.

Also entspannen Sie sich. Beruhigen Sie sich. Üben Sie das Atmen. Mit dieser Übung werden Sie nicht länger hyperventilieren, wenn Sie nervös oder ängstlich sind. Jeder kann davon profitieren. Tatsächlich hat jeder, der nicht den Wunsch hat, sich selbst zu einem besseren Gefühl zu verhelfen, es verdient, ängstlich und nervös zu sein! Also setzen Sie sich hin. Entspannen Sie sich. Legen Sie beruhigende Musik auf, wenn Sie meinen, das könnte Ihnen helfen. Meditation zur Heilung Ihrer Seele muss nicht in totaler Stille im Lotussitz durchgeführt werden! Zum Meditieren müssen Sie nicht etwas tun, sondern einfach nur sein. Und sich entspannen, wie immer und so gut Sie es vermögen.

Im Laufe der Zeit, wenn Sie mehr Erfahrung haben, werden Sie automatisch auf eine Art meditieren, die für Sie am besten ist, doch in der Zwischenzeit, in diesen Anfangsstadien, sollten Sie vor allem liebevoll mit sich selbst umgehen. Vielleicht schlafen Sie ein, doch in diesem frühen Stadium ist das völlig in Ordnung; es zeigt Ihnen lediglich, dass Ihr Geist noch nicht in der Lage ist, Sie in einem entspannten Zustand zu belassen. Unter Umständen werden Sie nicht länger als ein paar Minuten meditieren können. Doch das macht nichts. Vielleicht werden Sie abgelenkt. Auch das macht nichts. Ihre Beharrlichkeit zählt, und Ihre Entspannung zählt. Also machen Sie weiter, wie immer es Ihnen möglich ist. Die Resultate werden es wert sein.

Sich immer wieder selbst zu erlauben, zu sein statt zu tun, wird Ihnen im Laufe Ihrer Entwicklung und darüber hinaus in jedem Bereich Ihres Lebens helfen.

* * *

Hier ist eine Selbstheilungsmeditation von meiner CD Gordon Smith *The Healing Power of Mediumship*, die Ihnen helfen wird, Ihren Geist zu öffnen, um Wohlbefinden für Körper und Seele zu schaffen.

Selbstheilung

* Wie bei jeder Form der Meditation ziehen Sie lockere, bequeme Kleidung an und finden einen angenehmen Platz zum Sitzen.
* Halten Sie beim Sitzen Ihren Rücken gerade.
* Beginnen Sie, indem Sie leicht durch die Nase einatmen, Ihre Lungen mit Luft füllen und Ihren Körper entspannen.
* Folgen Sie dem Atem, wie er sich durch Ihren Körper bewegt, und lassen Sie Ihren Körper sich heben und senken, während Sie sich immer mehr entspannen.
* Schicken Sie einen Gedanken hinaus: »Ich bin entspannt und still. Ich bin im Frieden, und alles ist gut.«
* Und während der Körper sich entspannt, achten Sie auf das Muster Ihres Atems, der in Ihren Körper hinein- und wieder hinausströmt.
* Fokussieren Sie sich jetzt auf die subtileren Energien, die Schwingungen um Ihren Körper herum.
* Versuchen Sie, sich der Schwingung bewusst zu werden, die sich durch Ihren Körper bewegt, während dieser immer stiller wird und Sie die subtilen Energien stärker zu fühlen beginnen.

* Und sagen Sie sich: »Ich heile meinen Körper.«
* Dabei visualisieren Sie eine goldene Energie, die von Ihren Füßen, von der Erde aufsteigt und sich durch Ihren Körper bewegt, hinauf durch Ihre Beine, Ihren Bauch, und die Ihren Körper mit dem Wohlgefühl der Erdenergie erfüllt, bis hinauf in Ihren Brustbereich ...
* Fühlen Sie diese subtile Energie, wie sie jegliche Spannungen und Krankheiten heilt, die vielleicht im Körper sind.
* Fühlen Sie, wie diese Energie nach oben in Ihren Nacken und Ihren Kopf steigt und Ihren Körper vollkommen mit der goldenen Energie der Erde erfüllt.
* Erlauben Sie dieser Energie, durch Ihren ganzen Körper zu fließen, alte Narben und Wunden zu heilen, Spannungen und Sorgen zu beseitigen und Ihren Körper von allen Ängsten zu befreien, die irgendwo eingeschlossen sind.
* Und erkennen Sie, dass Ihr Körper geheilt werden kann.
* Erlauben Sie der goldenen Energie, durch Ihren Scheitel auszutreten und Ihren Körper einzuhüllen.
* Fühlen Sie, wie Sie von dieser lebendigen goldenen Energie umgeben sind, die durch Ihren Körper und aus ihm herausfließt, während Sie still dasitzen.
* Visualisieren Sie einen Moment lang ein weißes Licht über Ihrem Scheitel.
* Und fragen Sie die höheren geistigen Wesen, ob

sie Ihnen erlauben, dieses weiße Licht herunterzuholen, um Ihren Geist zu heilen. (Sie werden es Ihnen immer erlauben, doch ist es einfach höflich, sie zu fragen.)

* Sehen Sie das weiße Licht, wie es spiralförmig nach unten fließt, über Ihren Kopf, hinunter in Ihre Schultern, durch Ihre Arme und Ihren Körper, bis hinunter zu Ihren Beinen und direkt in Ihre Füße.
* Fühlen Sie dieses weiße Licht, wie es sich spiralförmig über Sie ergießt.
* Erlauben Sie dieser klaren, reinen Spirit-Energie, jegliche Erinnerungen der Angst und jegliche Spannungen loszulassen, die Sie in diesem Leben zurückgehalten haben.
* Und erkennen Sie, dass Sie in diesem Seinszustand Ihren Geist und Ihre Seele heilen können.
* Und sagen Sie sich: »Mir geht es gut … und alles in meinem Leben ist gut.«
* In diesem erhöhten Seinszustand können Sie Ängste und Probleme in Ihrem täglichen Leben als das sehen, was sie wirklich sind, indem Sie erkennen, dass Sie Geist sind und um ein Vielfaches größer und machtvoller als diese Ängste und Probleme.
* Fühlen Sie all die alten Ängste, wie sie von diesem weißen Licht weggewaschen werden, das sich spiralförmig über Ihren Körper ergießt, Ihren Geist reinigt und die dunklen Kammern Ihrer Seele aufhellt.
* Wenn Sie wollen, visualisieren Sie das goldene

Licht, wie es sich von der Erde aufwärts durch Ihren Körper bewegt, während das weiße Licht spiralförmig nach unten fließt und dabei alle vergangenen Krankheiten und Probleme beseitigt.

* Und erlauben Sie sich, während dieser Visualisierung still zu sitzen.
* Und atmen Sie ruhig weiter, während Sie sehen, wie sich das weiße Licht langsam im Uhrzeigersinn wieder den Rücken hinaufbewegt und das goldene Licht spiralförmig durch Ihren Körper nach unten zurück in die Erde fließt.
* Atmen Sie tief und ruhig weiter, während Sie jetzt langsam ins Wachbewusstsein zurückkehren.
* Mit jedem Atemzug erkennen Sie immer deutlicher, dass Sie in Ihrem Zimmer sitzen, entspannt und bequem, und dass Sie zusehends wacher werden, immer mehr auf das Hier und Jetzt ausgerichtet.
* Einatmen, entspannen, ausatmen, loslassen und sich gut fühlen. Nach und nach zurückkommen …
* Bis Sie hellwach sind.

Begeisterung und Erwartung

Zurückblickend wünsche ich mir oft, die ganze spirituelle Reise könnte so einfach sein wie ihre ersten Anfänge. Ich erinnere mich, wie aufgeregt ich zu Beginn meiner Entwicklung war, mit welcher Begeisterung und ungeheuren Ernsthaftigkeit ich es nicht erwarten konnte, mehr zu lernen. An diesem Punkt ist das unbekannte Gebiet Ihres Geistes völlig offen und wartet nur darauf, erkundet zu werden, bereit für eine Reise in Ihre eigene Seele – eine Reise, die so weit sein kann wie das Universum selbst, oder so kurz, dass man eher an ein Sandkorn denkt. Wer will das wissen? Ihr Interesse ist groß, Ihr Herz ist von Leidenschaft erfüllt und voller Neugier auf das Unbekannte, und Sie brennen vor lebhaftem Interesse. Ich erinnere mich so gut daran – alles ist startklar.

Dann, ohne Warnung und ganz und gar entgegen Ihren Instinkten, werden Sie angewiesen, zu meditieren. Still zu werden. Geduldig zu sein. Ganz langsam weiterzugehen und das innere Selbst zur Ruhe zu bringen. Überhaupt nicht das, was der eifrige neue Schüler hören oder tun möchte! Doch im Rückblick und mit der zwischenzeitlich gewonnenen Erkenntnis muss ich dem zustimmen: Die erste und vielleicht entscheidendste Lektion bei der Entwicklung der Spiritualität besteht darin, zu sitzen, hinzuhören und still zu sein.

Wie gesagt, Sie können dies allein tun, und mit harter Arbeit und Hingabe werden Sie vielleicht in der Lage sein, sich Ihrem Geist ohne fremde Hilfe zu öffnen. Ich empfehle Ihnen jedoch dringend, Ihre Energien darauf zu konzentrieren, eine Gruppe zu finden, der Sie beitreten können. Sobald Sie einer Gruppe angehören, werden Sie feststellen, dass sie nicht nur ein Ort ist, um Ihre Erfahrung der Welt um Sie herum weiterzuentwickeln; in der Regel trägt die Gruppe auch dazu bei, Ihre Erfahrung Ihres Selbst zu entwickeln. Umgeben von den Meinungen und Ideen und der Arbeit anderer Menschen werden Sie Aspekte Ihres Selbst kennenlernen, von deren Existenz Sie vielleicht keine Ahnung hatten, und Sie werden jede Facette Ihres Wesens untersuchen müssen, die Ihnen unangenehm ist. Sollten Sie dazu nicht bereit sein, werden diese Aspekte zu einem Stolperstein, wenn es daran geht, sich dem Geistigen zu öffnen und Verbindung mit ihm aufzunehmen, da es für den Geist keine Geheimnisse gibt. Wenn Sie Ihre medialen Fähigkeiten entwickeln, transformieren Sie sich selbst.

Und das gelingt Ihnen am besten mit einer Gruppe.

2. *Der Entwicklungskreis*

»Wenn man in der Entwicklung begriffen ist, kann man nie langsam genug vorgehen.«
Jean Primrose

Je besser Ihre Wahl bezüglich einer Ihrer Entwicklung förderlichen Umgebung ist, desto größere Fortschritte werden Sie höchstwahrscheinlich erzielen. Also sprechen Sie mit Personen in den spiritualistischen Organisationen und stellen Sie ihnen alle Fragen, die Ihnen am Herzen liegen, bevor Sie mit dem Lernen beginnen.

Es ist wichtig, dass Sie ein gutes Gefühl hinsichtlich der Menschen oder des Ortes haben, an dem Sie meditieren werden. Aus eigener Erfahrung kann ich sagen, dass ich in der von mir gewählten Gruppe sehr lange brauchte, bis ich mich völlig entspannt gefühlt habe. Vergessen Sie nicht, zuerst müssen viele Barrieren überwunden werden, sowohl in Ihrem Inneren als auch im Herzen der anderen, die mit Ihnen zusammensitzen.

Arten von Kreisen

In den meisten spiritualistischen Gruppen und Kreisen erweitern die in der Entwicklung begriffenen Medien ihr Bewusstsein; sie erlauben all ihren

Sinnen, die Atmosphäre um sie herum zu erforschen und sich auf diese Weise einer völlig neuen Art von Erfahrung zu öffnen, um ein neues Verständnis der geistigen Welt zu erlangen.

Heute bieten viele Kreise oder Gruppen die Gelegenheit, Readings zu praktizieren und hellseherische Übungen durchzuführen. »Hellsehen« bedeutet nichts anderes, als »klar zu sehen«. In diesem Fall würde es bedeuten, dass der Betreffende eine klare Vision hat, die er seinem Klienten anbietet. Bei einem Medium bezieht sich Hellsichtigkeit darauf, dass es die geistige Person sieht, die mit ihm kommuniziert, entweder aufgrund einer klaren Vorstellung oder weil sie direkt vor ihm steht, was durchaus der Fall sein kann.

Ein anderer Begriff, der oft im Zusammenhang mit Medien genannt wird, ist »Hellhören«. In diesem Fall hört das Medium die Stimme des Geistes und gibt seinem Klienten das Gehörte weiter. Man sagt, dass Johanna von Orleans hellhörig war, weil sie die Stimme der heiligen Katharina und anderer Heiliger hörte, die ihr Führung zuteil werden ließen.

Es gibt noch einen weiteren Sinn, den ein Medium entwickeln kann, und das ist »Hellfühlen«. Das bedeutet, dass Sie einfach spüren, wenn ein geistiges Wesen sich in Ihrer Nähe aufhält, und Sie beispielsweise in der Lage sind zu erkennen, wie groß der Betreffende war, wie er gelebt hat und sogar wie er gestorben ist. Die Fähigkeit zum Hellfühlen ist uns allen gemeinsam. Manche Menschen zum Beispiel spüren ein Gefühl der Gefahr oder merken, dass etwas passieren wird, bevor es tatsächlich eintritt. Viele außersinnlich begabte Menschen sind hellfühlend und empfinden intensive Gefühle über zukünftige Ereignisse, doch Medien, die diesen Sinn auf eine noch viel tiefere Weise entwickeln, spüren das Leben der Seele, die durch sie kommuniziert.

In einem Kreis zu sitzen, um die Fähigkeit zum Hellsehen, Hellhören und Hellfühlen zu fördern, kann bei der Entwicklung zum Medium nützlich sein, doch ich würde jedem raten, nach Möglichkeit zunächst einem Kreis beizutreten, der ihm hilft, eine tiefere Form meditativer Praxis zu entwickeln. Denn wenn Sie Klarheit über Ihre eigene Lebensreise gewonnen haben, werden Sie viel effektiver sein können, wenn die Zeit gekommen ist, anderen Menschen mit Ihrem Talent zu helfen. Mitgefühl ist ein sehr wichtiger Aspekt bei der Arbeit als Medium. Wenn wir unser eigenes Leben verstehen und lernen, es anzunehmen und damit umzugehen, können wir in unserer Funktion als Medium anderen Menschen viel tiefgreifender helfen, weil wir ihre Gefühle verstehen, statt ihnen einfach nur Antworten anzubieten.

Beobachten

Wenn Sie erst einmal einem Entwicklungskreis beigetreten sind, ist es wichtig, die anderen Personen zu beobachten und den Versuch zu unternehmen, herauszufinden, was es mit ihnen auf sich hat. Seien

Sie in Ihrem Wunsch, akzeptiert zu werden, nicht allzu bemüht, jedem in der Gruppe zu beweisen, dass Sie hellseherische Fähigkeiten haben. Vergessen Sie nicht, die anderen waren auch schon einmal an dem Punkt, an dem Sie sich befinden. Daher ist dies eine gute Gelegenheit, von ihnen zu lernen.

Wenn Sie, wie ich, einem Kreis beitreten, der sich bereits seit einiger Zeit trifft und in dem Sie der oder die »Neue« sind, ist es noch wichtiger, zunächst einmal der Beobachter zu sein. Seien Sie nicht voreilig bemüht, die anderen zu beeindrucken. Diese Art von Eifer kann die Harmonie der Gruppe gefährden, da die Teilnehmer bereits Verbindungen untereinander geformt haben, was dazu führen kann, dass Sie von den anderen abgelehnt werden. Ich kenne nicht wenige Menschen, die eingeladen wurden, einem bereits bestehenden Kreis beizutreten, und ihn dann durch ihr eifriges Bemühen, alle zu beeindrucken, empfindlich gestört haben. Was bedauerlicherweise dazu geführt hat, dass sie die Gruppe verließen in dem Gefühl, nicht dazuzugehören, und sich beschwerten, dass man sie nicht willkommen geheißen hatte; oder die Betreffenden bleiben in der Gruppe, führen sich jedoch in kindischer Weise auf und versuchen ständig, die Aufmerksamkeit der anderen auf sich zu ziehen.

Ich hatte das Glück, dass die Leiterin meines ersten Kreises, Mrs Primrose, ein erfahrenes Medium war. Ende siebzig, als ich sie zum ersten Mal traf, hatte sie bereits seit vielen Jahren Kreise geleitet. Sie wies mich an, ich solle mich hinsetzen und versuchen, alles in mich aufzunehmen, was passierte, bevor ich daranging, mich auf die geistige Welt einzustimmen. Zu Beginn meiner Ausbildung fiel es mir nicht leicht, still zu sitzen und zu meditieren, ganz zu schweigen von dem Versuch, Verbindung mit der Geistwelt aufzunehmen oder Botschaften weiterzugeben.

Sich selbst kennenlernen

Der Kreis ist Ihre Schule, an der Sie viel über die geistige Welt, Geistführer und alle möglichen Arten veränderter Bewusstseinszustände und spiritueller Übungen lernen werden – und vor allem über sich selbst.

Seien Sie ehrlich mit sich selbst

Ein Medium zu werden bedeutet, dass Sie total ehrlich mit sich selbst sein müssen. Wie können Sie jemals einem anderen Menschen helfen, wenn Sie sich nicht selbst helfen können? Also besteht ein sehr wichtiger Teil Ihrer Entwicklung darin, Ihre eigenen emotionalen Probleme zu erkennen und zu lösen.

Ironischerweise sind wir selbst oft die Letzten, die sehen, wer wir wirklich sind. Während der Ausbildung zum Medium werden wir viele Gelegenheiten haben, darüber nachzudenken, wie unsere Erfahrungen uns als Mensch verändert haben. Es mag jedoch Aspekte unseres Wesens geben, deren wir uns nicht bewusst sind, die andere jedoch sehen und uns enthüllen können. Das ist der Grund, warum Gruppenarbeit wichtig ist: Ihre Gruppe, egal wie groß oder klein, wird ein Spiegel für Sie sein. Oft ist eine Charakterschwäche, die Sie bei anderen sehen und nicht verstehen können oder von der Sie sich irritiert fühlen, eine Reflektion Ihrer eigenen Natur. Dies wiederum wird Ihnen viele Gelegenheiten geben, sich selbst sowie die anderen näher zu erforschen. Also vertieft sich in einem Kreis bzw. einer Gruppe nicht nur der Kontakt mit der Geistwelt, sondern auch mit dem eigenen Selbst.

Wenn Ihnen dieser Gedanke unangenehm ist, dann sind Sie höchstwahrscheinlich noch nicht wirklich so weit, sich tiefer auf Ihre spirituelle Entwicklung einzulassen. Das ist völlig in Ordnung und nichts Schlechtes. Es ist nur so, dass Sie noch einen etwas längeren Weg vor sich haben. Fokussieren Sie sich einfach darauf, sich zu entspannen und sich selbst zu heilen. Meditieren Sie so oft wie möglich, und haben Sie keine Angst, mit den anderen in der Gruppe über jegliche Hindernisse zu sprechen, denen Sie sich gegenübersehen. Akzeptieren Sie jede Form der Hilfe, die Ihnen angeboten wird, in dem Wissen, dass Spirit in dem Moment, wo Sie bereit sind, Ihre medialen Fähigkeiten zu entwickeln, geduldig und voller Liebe warten wird.

Körper und Geist entspannen

Wenn Sie das Gefühl haben, in diesem Moment mit Ihrer Entwicklung zum Medium beginnen zu können, ist es gut, wenn Sie sich die emotionalen Narben Ihres bisherigen Lebens anschauen und sie akzeptieren. Und wissen Sie was? Meditation eignet sich hervorragend dafür.

Den Körper in der Meditation zu entspannen, scheint nicht schwierig zu sein. Bei der Meditation geht es jedoch nicht einfach nur darum, den Körper zu entspannen – ebenso wichtig ist es, den Geist zu entspannen, was Zeit brauchen wird. Wenn der Körper entspannt ist, neigt der Geist dazu, umso aktiver zu werden! Zu lernen, Ihren Geist zu beruhigen, kann schwierig sein, besonders für alle, die gerade erst damit anfangen.

Ein weit verbreiteter Fehler ist, zu denken, dass Sie entspannt sind, sobald Sie einem Entwicklungskreis beitreten. Das ist jedoch definitiv nicht der Fall. Entspannen bedeutet, etwas loszulassen. Oft geht es darum, Spannung loszulassen. In diesem Fall, vor allem am Anfang, ist es das Loslassen bestimmter Vorstellungen und Gewohnheiten. So etwas passiert nicht über Nacht; aller Wahrscheinlichkeit nach werden Sie ein paar Jahre dafür brauchen. Das ist der Grund, warum Sie vor allem zu Beginn sehr geduldig und liebevoll mit sich selbst sein müssen. Und derweil geschehen andere Dinge – Sie lernen Menschen kennen, die genauso denken wie Sie, was Ihnen die Möglichkeit gibt, neue Freundschaften zu schließen und neue Erfahrungen zu machen. Denken Sie nur nicht, dass nichts passiert, auch wenn Sie keine unmittelbaren Fortschritte in Ihrer Entwicklung erkennen können.

Den Kopf leer machen

Jede Art von Meditation wird irgendwann einige Ihrer innersten Gedanken an die Oberfläche bringen – vergleichbar einem sehr lebhaften Traum, der eine bestimmte Bedeutung für Ihr Leben zu haben scheint, Sie jedoch beunruhigt, weil Sie nicht wissen, was Sie damit anfangen sollen. Ich weiß, dass ich in meinen frühen Meditationen oft Dinge vor meinem inneren Auge gesehen habe, die mich beunruhigten, doch mit zunehmender Erfahrung fiel es mir leichter zu verstehen, dass solche Visionen nicht von der geistigen Welt oder geistigen Führern kamen, sondern von meinem eigenen inneren Selbst. Es ist, als würde sich unser Geist im Schlaf oder in tiefer Meditation entspannen und einige unserer Sorgen oder Ängste in symbolischer Form aus unserem Unterbewusstsein an die Oberfläche bringen, damit wir damit umgehen und schließlich daraus lernen können.

Wenn Sie meditieren, kann es auch sein, dass Sie außersinnliche Phänomene erfahren: blitzartige Erkenntnisse, Vorahnungen, vielleicht die emotionalen Zustände anderer Menschen in Ihrer Umgebung. Lassen Sie diese Phänomene kommen und gehen, ohne ihnen viel Aufmerksamkeit zu schenken. Es ist sehr leicht, sich darin zu verlieren, und in mancher Hinsicht sind sie sogar nützlich. Sie zeigen Ihnen, dass Ihre außersinnliche Fähigkeit aktiv ist. Bei der Entwicklung medialer Fähigkeiten geht es jedoch um mehr als nur diese kurzen Phänomene. Wenn diese Erfahrungen auch eine Demonstration von Talent sind, so muss dieses Talent aber immer noch trainiert werden. Um dies zu verdeutlichen, stellen Sie sich zum Beispiel jemanden vor, der ein Talent fürs Kochen hat und weiß, wie er die Zutaten mischen muss, dem Sie aber nicht zutrauen würden, ein Festessen zu servieren.

In jedem Fall würde ich sagen, dass im ersten Jahr Ihrer Entwicklung 90 Prozent dessen, was Sie in Ihrer Meditation erleben, Ihrem eigenen tieferen Selbst entspringt. Das passiert nach und nach, um Platz im Kopf zu schaffen. Es ist ein wenig so, als hätten Sie zu Hause eine Schublade, in die Sie alles stecken, was Sie im Moment nicht brauchen. Doch hin und wieder verspüren Sie den Drang, die Schublade zu öffnen und einige der Sachen aus der Vergangenheit zu entsorgen.

In ähnlicher Weise leert sich in diesen ersten Meditationen unser Kopf, um Raum für neues Wissen zu schaffen. Eine solche Klärung des Geistes wird Ihnen darüber hinaus helfen, Ihr Leben auf emotionaler Ebene zu verarbeiten. Sie müssen dafür sorgen, dass Sie emotional und psychologisch widerstandsfähig sind, um gewappnet zu sein für das, was später in Ihrer Entwicklung auf Sie zukommt.

Zu diesem »Entleeren« des Kopfes gehört, sich seinen Ängsten zu stellen und sie zu überwinden.

Angst ist für die meisten Menschen der Grund, warum sie überhaupt einem Entwicklungskreis beitreten. Sie ist oft der wichtigste Faktor, der sie dazu treibt, zu Kursen, Gruppen oder Meditationszentren zu gehen: weil sie lernen wollen, warum sie Angst haben und wie sie diese Angst loswerden können. Vielleicht sind sie sich dessen zu Beginn nicht einmal bewusst, doch die Anzahl der Personen, die zu den Kreisen kommt und ihre Angst gesteht, ist ziemlich hoch. Sie sagen Dinge wie: »Ich habe Angst, weil es sich anfühlt, als ob die Geister mir was antun wollen.« Oder: »Ich stehe Todesängste aus.« Wenn es Ihnen also auch so geht, werden Sie – in welcher Umgebung auch immer Sie an Ihren medialen Fähigkeiten zu arbeiten gedenken – viele gleichgesinnte Menschen finden!

Als Erstes müssen Sie erkennen, wovor Sie sich fürchten, müssen sich klarmachen, was Sie bisher im Leben zurückgehalten hat. Als Menschen haben wir alle viele Ängste, doch die größte Angst ist die Angst vor dem Tod – entweder unserem eigenen Tod oder dem eines Menschen, den wir lieben. Dies war eine der Ängste, die ich im Laufe meiner Entwicklung als Medium verloren habe. Ich erkannte, dass sie einfach unsinnig war. Wir werden alle sterben, und es gibt nichts, was wir dagegen tun können – keine schlechte Nachricht für einen gelungenen Anfang!

Doch Sie können gar nicht sterben, und wenn Sie es noch so sehr wollen – es ist völlig unmöglich.

Durch die Arbeit an meiner Entwicklung als Medium habe ich einen Punkt erreicht, wo ich nicht nur an das Leben nach dem Tod glaube – ich weiß, dass wir weiterleben. Glauben bedeutet immer auch gewisse Zweifel. Alle meine Erfahrungen haben jegliche Zweifel beseitigt. An diesem Punkt werden Sie von einer Art Selbstvertrauen erfüllt, weil Sie wissen, dass Sie mehr sind als dieses Wesen im Hier und Jetzt, als die Person, die Sie im Moment sind; dass Sie vielmehr Teil eines größeren, übergeordneten Stroms des Lebens sind.

Ich möchte Ihnen gerne helfen, dieselbe Gewissheit zu erlangen – sicher zu sein, dass es noch mehr im Leben gibt als das, was offensichtlich ist – und Ihre Ängste hinter sich zu lassen.

Das Licht in einem dunklen Raum einschalten

Es gibt wirklich nichts zu fürchten als die Angst selbst. Doch wenn Sie zu Beginn Ihrer spirituellen Entwicklung viele Ängste haben, können sich diese Ängste als Geister, Spuk und Monster manifestieren. Wenn Sie Ihre Angst überwinden, sozusagen ein Licht in den dunklen Räumen Ihrer Seele – denen alle Ihre Monster entspringen – anknipsen können, werden Sie keine Probleme haben.

Spirit ist eine unendlich sanfte, sehr liebevolle Präsenz, die Ihnen Führung angedeihen lässt. Also seien Sie nicht nervös, und fürchten Sie sich nicht. Es wird Ihnen nichts begegnen, mit dem Sie als Mensch nicht umgehen können, und alles, was negativ zu sein scheint, ist immer nur ein Resultat von Angst auf der irdischen Ebene. Auf der geistigen Ebene gibt es keine Angst.

Alle Ängste und Befürchtungen, mit denen Sie konfrontiert werden, sind in der Regel Ihre eigenen. Das ist der Grund, warum Sie diese Ängste und durch sie sich selbst kennenlernen müssen. Dann können Sie sie auch überwinden. Wissen – in erster Linie das Wissen um sich selbst – ist wirklich Macht.

Sich den eigenen Ängsten stellen

Die meisten Menschen unterdrücken ihre Gedanken, oft aus Angst, die sich dann in unerwarteten Augenblicken zeigt: Augenblicke der Panik, Albträume, Schlaflosigkeit und so weiter. Viele dieser auf Angst beruhenden Handlungen und Erlebnisse sind darauf zurückzuführen, dass die Harmonie von Körper und Seele gestört ist.

Daher müssen wir uns unseren Ängsten, auch den geistigen, stellen, wenn wir uns optimal entwickeln wollen. Indem wir lernen, uns zu entspannen, umgeben von Menschen, denen wir vertrauen können und die alle ähnliche Erfahrungen durchmachen oder sie bereits gemacht haben, können wir wieder eine gesunde Verbindung zwischen Körper und Seele herstellen – und auf diese Weise eine gesunde Verbindung mit Spirit.

Sie müssen nicht jeden Zweifel und jede Angst

besiegen, um Ihre medialen Fähigkeiten zu entwickeln. Wir sind physische Wesen, und Unsicherheiten wird es immer geben. Die Auswirkungen dieser Unsicherheiten zu kontrollieren ist der Schlüssel zu unserem Fortschritt.

In diesem Zusammenhang möchte ich erwähnen, dass ein Mensch, nur weil er ein Medium wird, nicht von all seinen Sorgen und Problemen befreit sein wird; das hängt ganz von ihm selbst ab. Es mag ein Grund und ein Ansporn sein, um sich zu verändern, doch Medium zu werden ist keine Lösung für alle Probleme des Lebens. Sie selbst müssen den Weg finden, Ihre Ängste und Unsicherheiten zu überwinden.

Lassen Sie sich davon nicht entmutigen und fürchten Sie sich nicht, wenn Sie das Gefühl haben, Sie stehen vor einer großen Herausforderung. Es ist mehr als durchführbar, vor allem wenn Sie das Ganze langsam angehen. Viele Menschen merken nicht einmal, wann und wie sie sich verändern!

Sie werden es jedoch erkennen, wenn Sie sich verändert haben, weil Ihre Lebensumstände anders werden. Meditation – das Sitzen und die Begegnung mit dem Geistigen – wird Sie auf bedeutsamere Situationen in der Zukunft vorbereiten. Ein Ereignis, das Sie in jüngeren Jahren höchstwahrscheinlich in Panik versetzt hätte – zum Beispiel ein Sterbefall in der Familie –, wird in Zukunft für Sie wesentlich leichter zu akzeptieren sein.

Geheimnisse

Etwas anderes, was Sie nicht vergessen sollten, ist die Tatsache, dass Geheimnisse nichts Gutes sind, wenn Sie Ihre medialen Fähigkeiten entwickeln wollen: Sie schaffen Spannung und werden irgendwann herausplatzen, wenn sie nicht richtig verarbeitet werden. Falls Sie vergangene Dinge mit sich herumtragen und sich noch nicht hundertprozentig bereit fühlen, mit anderen darüber zu sprechen, sollten Sie versuchen, sie so gut wie möglich zu verarbeiten, entweder allein oder mit professioneller Hilfe, zum Beispiel durch einen Berater oder Therapeuten. Dies können Sie entweder vor dem Beginn Ihrer Entwicklung oder parallel dazu in Angriff nehmen.

Bevor Sie überhaupt den Entschluss fassen, sich einem spiritualistischen Kreis anzuschließen, sollten Sie nicht vergessen, dass Ihnen zu Beginn Ihre emotionale Realität, vielleicht zum ersten Mal, voll bewusst werden wird. Wenn es sich um eine spirituelle Entwicklungsgruppe handelt, haben jedoch meistens die Wesen auf der anderen Seite die Kontrolle, und sie sind immer liebevoll. Daher wird es kein plötzliches, unerwartetes oder vielleicht »böses« Erwachen sein; vielmehr wird es sanft, mit großer Liebe und in einem Tempo geschehen, mit dem Sie gut umgehen können.

Arbeiten in der Gruppe mit den unterschiedlichsten Leuten

Zudem sollten Sie im Zusammenhang mit Entwicklungskreisen nicht vergessen, dass Sie Menschen aus allen Schichten der Gesellschaft kennenlernen werden und die Möglichkeit besteht, dass es nicht bei jedem Mitglied des Kreises »klickt«, besonders wenn es ein offener Kreis ist. Sie können davon ausgehen, dass es immer Persönlichkeiten geben wird, mit denen Sie nicht ohne Weiteres klarkommen. Versuchen Sie sich stets daran zu erinnern, dass Sie alle ein gemeinsames Ziel haben – dass Sie alle sozusagen im gleichen Boot sitzen –, was Ihnen helfen wird, jegliche Unebenheiten, mit denen Sie sich vielleicht konfrontiert sehen, zu glätten.

Ich weiß, wovon ich rede, da ich mich früher oft über einige Mitglieder meines Kreises geärgert habe. Ich sah Aspekte und Charaktereigenschaften, die mich zutiefst irritierten: zum Beispiel wenn jemand wirklich ungeduldig war oder wenn sich ein anderer endlos über dies oder jenes beschwerte. Einer oder zwei beharrten sogar darauf, dass sie den Schmerz der anderen Mitglieder fühlen könnten!

Jahrelang habe ich mich gefragt, warum diese Personen sich so verhielten. Warum hat der eine immer wieder beteuert, er könne nur Schmerz fühlen? Warum schien ein anderer nie froh oder glücklich zu sein? Haben diese Leute denn nie gemerkt, dass sie schlechte Energie in den Kreis brachten? Dann änderte sich plötzlich meine Denkweise, und ich begann mir stattdessen die Frage zu stellen, warum mich die Verhaltensweisen dieser Personen störten. Ich brauchte lange bis zu der Erkenntnis, dass ich mich in Wahrheit über meine eigenen Charakterzüge ärgerte, die ich in anderen reflektiert sah. Nicht sie waren es, die schlechte Energie erzeugten – ich war es, weil ich negativ über sie dachte. Ich konnte die anderen nicht ändern – und durfte es auch nicht –, doch ich konnte ändern, was ich an mir selbst nicht mochte, und genau das tat ich.

Diese Lektion war sehr wertvoll, denn wann immer ich von den Aktivitäten anderer Menschen frustriert war, wusste ich, dass sie so handelten, wie es für sie in dem Moment richtig war, und dass ich auf meine Weise darauf reagierte.

Diese Reflektion und Erforschung des Selbst ist von entscheidender Bedeutung, um schließlich zu verstehen, was es mit dem Geistigen auf sich hat. Ihre Denkweise zu ändern, um Einfühlungsvermögen und Verständnis für andere Menschen zu gewinnen, wird Mitgefühl in Ihnen entwickeln, das für jede spirituelle Arbeit unerlässlich ist. Wir sind durch Spirit und mit Spirit verbunden. Unsere emotionalen Bindungen sind es, die uns in die Lage versetzen, Kontakt mit geliebten Menschen herzustellen, die auf die andere Seite hinübergegangen sind. Die Arbeit als Medium hat nicht nur damit zu tun, Kontakt durch diese gemeinsame Verbindung aufzunehmen, sondern auch damit, sie zu verstehen, um die Informationen, die wir von der geistigen

Ebene erhalten, auf eine so klare und positive Weise wie möglich weiterzugeben.

Ein weiterer Grund dafür, andere zu verstehen, statt mit ihnen zu kämpfen, ist der, dass Kämpfen nur Ihren eigenen Fortschritt behindern wird. Wenn Sie kämpfen und unter Druck stehen, können Sie sich nicht entspannen, was jedoch eine Voraussetzung ist für die Verbindung mit der geistigen Ebene. Sie sind dann nicht offen, daher kann der Kontakt nicht hergestellt werden.

Wenn Sie also negative Gefühle gegen eine oder mehrere Personen in Ihrem Kreis hegen, sollten Sie so schnell wie möglich den Grund dafür herausfinden. Fragen Sie sich: »Wenn ich mich darüber ärgere, kann es sein, dass ich genauso bin, und wenn ja, in welchen Situationen und warum?« Die Antworten werden Sie vielleicht überraschen, doch wie immer sie lauten, sie werden Ihnen helfen, und damit auch den anderen.

Kinder im Kreis

Ohne herablassend sein zu wollen, sehe ich die Mitglieder jedes Kreises, vor allem jene, die gerade erst mit der Entwicklung beginnen, als Kinder. Wie Kinder sind auch wir eifrig bemüht zu lernen, was unsere geistigen »Eltern« uns zeigen wollen! Und auch wir können zuweilen sehr kindische Angewohnheiten haben, die näher betrachtet und, wenn nötig, korrigiert werden müssen.

Zunächst einmal gibt es »Kinder«, die stets alle

Aufmerksamkeit auf sich ziehen wollen und zur Überreaktion neigen, wenn sie diese Aufmerksamkeit nicht bekommen. Das trifft im Allgemeinen auf Personen zu, die schwärmerische Neigungen haben: Häufig werden sie übermäßig emotional und erwecken den Eindruck, schwach und bedürftig zu sein.

In meinem Kreis gab es ein »bedürftiges Kind« des oben beschriebenen Typs. Wir wollen ihn Mr Witter nennen. Er hatte die Neigung, aufzustehen und länger als irgendein anderer zu reden, wobei seine Worte häufig keinerlei Bedeutung hatten. Er erinnerte mich an ein Kind, das versucht, seiner Mutter etwas zu erzählen, und manchmal frustrierte mich sein Gerede aufs Äußerste. Jedoch brachte mich diese Erfahrung schließlich zu der Erkenntnis, dass ich – obwohl ich mich für einen geduldigen Menschen hielt – in Wahrheit sehr wenig Toleranz besaß. Es half mir, mich zu bessern. Als ich lernte, mich zu entspannen, wenn Mr Witter munter drauflosplapperte, stellte ich interessanterweise fest, dass auch er ruhiger wurde. Meine Entscheidung, mich anders zu verhalten, machte uns beide zu besseren Menschen.

In jedem Kreis gibt es einen Mr Witter – jemand, der zu viel Zeit für sich in Anspruch nimmt und nur selten verständliche, sinnvolle Botschaften gibt. Diese Menschen wollen mehr Aufmerksamkeit und Energie als jeder andere und können Ihnen die Energie absaugen.

Genau wie im »richtigen« Leben finden sich aber

auch noch andere Arten von Personen in Entwicklungskreisen. Zum Beispiel das Mitglied, das Aufmerksamkeit auf eine andere Weise sucht – das »arme Ich«, das am Ende jeder Session eine Leidensgeschichte erzählt, um Mitleid zu erregen. So jemand klagt vielleicht: »Während ich hier saß, sind die Geister gekommen, und jetzt fühle ich mich krank. Ich fühle mich schwach. Es hat mir meine ganze Kraft geraubt.« Oder der Betreffende behauptet: »Ich sitze hier und helfe jedem. Ich konnte heute Abend euren Schmerz fühlen.«

Dabei fühlen diese Personen in Wahrheit nicht die Schmerzen irgendeines anderen. Tatsächlich öffnen sie sich selbst und erfahren dadurch ihren eigenen Schmerz; dann versuchen sie, diese Empfindung in etwas anderes zu verwandeln, das sie verstehen können. Ich persönlich habe das »arme Ich« viel schneller begriffen als das »bedürftige Kind«: Ich erkannte, dass dies die beiden Persönlichkeitstypen waren, die Heilung brauchten und die, zumindest indirekt, um Heilung baten.

Dann ist da noch das nervöse, reizbare Kind, dem die Meditation im Kreis nie viel zu bringen scheint: es möchte einfach nur aufspringen und bemerkt werden. Ein reizbares Kind ist ein Kind, das während der Meditation darüber nachdenkt, was es später der Gruppe sagen wird, statt innerlich zur Ruhe zu kommen und still zu sitzen.

Wenn ich darüber nachdenke, glaube ich, dass ich das nervöse Kind war! Ich wollte akzeptiert werden, also machte ich auf mich aufmerksam. Ich hatte das echte Bedürfnis, anderen zu gefallen und den Leuten Dinge zu sagen, die sie glücklich machten. Es dauerte eine Weile, bis mir klar wurde, dass ich andere nicht glücklich machen oder mich bemühen musste, um akzeptiert zu werden – die Menschen akzeptierten mich als der, der ich war.

In einer offenen Gruppe gibt es Personen der verschiedensten Entwicklungsgrade und Fähigkeiten. Daher konnte ich schon sehr früh beobachten, dass ich dann mein Bestes tat, wenn ich nicht das nervöse Kind war, sondern mich ruhig verhielt und lernte, einfach nur zu sein. Wann immer ich den Drang verspürte, mit jemandem zu konkurrieren, zu spielen und Aufmerksamkeit auf mich zu ziehen, wurde die Situation schwierig für mich. So oft erkennt man nicht, dass man sich selbst das Leben schwer macht – und anderen auch.

Ein anderer Persönlichkeitstyp ist das verwöhnte Kind, das vielleicht bis zum Ende des Abends wartet und dann auf mysteriöse Weise eine »Botschaft empfängt«, wenn die anderen alle gerade fertig sind. Manchmal passiert das tatsächlich, doch für das verwöhnte Kind passiert es jedes Mal. Es wird sogar so tun, als hätte Spirit die Kontrolle übernommen oder als befände es sich in Trance, nur um Aufmerksamkeit zu erlangen und den Eindruck zu erwecken, dass es ihm nicht gutgeht, wenn doch alle anderen zufrieden sind.

Es gibt noch viele andere Typen, doch die hier beschriebenen sind am weitesten verbreitet. Welches Kind nehmen Sie heute Abend mit in den Kreis?

Wenn Sie unangebrachtes Verhalten bei sich selbst erkennen können, sind Sie in der Lage, es zu korrigieren, bevor es sich zu einer Gewohnheit auswächst und damit wesentlich schwerer loszuwerden ist.

Das innere Kind

Es mag Sie überraschen, wenn Sie selbst kindliches Verhalten an den Tag legen und bei anderen beobachten. Warum passiert so etwas plötzlich in einer Gruppe, wenn wir umgeben sind von Erwachsenen, die alle ernsthaft und eifrig bemüht sind, mehr über Spirit zu lernen? Der Grund ist, dass es in einem guten Kreis einen guten Lehrer gibt, und aus psychologischer Sicht wird dieser Lehrer zu einer Autoritätsfigur. Also wird die Beziehung zwischen Schüler und Lehrer zu einer Art Eltern-Kind-Beziehung.

Letzten Endes werden Sie diese Beziehung in eine psychologisch gleichwertige verwandeln müssen. Es bringt nichts, zu denken, Sie seien mehr oder weniger als andere, egal wie erfahren Sie sind, und wenn Sie nicht erkennen, dass Ihr inneres Kind tatsächlich existiert und genauso verstanden werden muss wie das innere Kind jedes anderen, wird es sehr schwierig sein, es loszulassen.

Wie ein Kind mit anderen zu kämpfen und zu streiten, kann das größte Hindernis in Ihrer Entwicklung sein. Wenn Sie kämpfen, statt ruhig zu bleiben, zeigen Sie, dass Sie nicht besser sind als Ihr

Gegenüber. Oft wird Spirit das sehen und wissen, dass Sie noch nicht bereit sind, seine Gaben anzunehmen. Vielleicht werden Sie im Laufe Ihrer Tätigkeit als Medium Details empfangen, die Sie persönlich als beunruhigend empfinden, und es ist wichtig, nicht emotional darauf zu reagieren. Es ist nicht Ihre Aufgabe, die Aktionen anderer Menschen zu beurteilen; Sie sind hier, um zu kommunizieren und zu heilen – und dies immer mit Liebe.

Verständnis und Mitgefühl

Verständnis und Mitgefühl sind zwei sehr unterschiedliche Dinge: Sie können jemanden verstehen, doch Mitgefühl ist eine bewusste Entscheidung, dieses Verständnis zu benutzen, um ein besserer Mensch zu werden. Zum Beispiel traf ich bezüglich Mr Witter nach einer Weile die Entscheidung, dass ich mich – statt ihn zu beobachten und mich von ihm irritieren zu lassen – mit ihm anfreunden und verstehen wollte, warum er sich so verhielt, in der Absicht, das zu bekommen, was er brauchte – nämlich, wie sich herausstellte, einfach einen Freund in der Gruppe.

Dieses Wissen nicht zu vergessen, vor allem wenn Sie am Anfang Ihrer Entwicklung stehen, wird Ihnen helfen, andere Mitglieder des Kreises nicht als so störend zu empfinden. Ich denke, es ist viel fairer, Sie vor möglichen potentiellen Schwierigkeiten bei der spirituellen Arbeit in einer physischen Welt zu warnen, statt sich total auf den spirituellen Aspekt der Entwicklung medialer Fähigkeit zu fokussieren. Verständnis und Mitgefühl herauszubilden ist bereits Teil der Entwicklung zum Medium: Ein gutes Medium wird in der Lage sein, jenseits der kindlichen Reaktionen einer Person zu sehen, und – was noch wichtiger ist – sich weigern, hineingezogen zu werden. Vielmehr wird es sehen, dass jeder ein höheres Selbst hat und dass Menschen oft ihre Ängste ausdrücken und nicht ihre Seele.

Mitgefühl erschöpft sich nicht darin, Tee und ein Plätzchen anzubieten! Wahres Mitgefühl hat mit Vergebung zu tun: sowohl uns selbst unsere Schwächen und Fehler zu vergeben als auch jenen, die sich uns gegenüber schuldig gemacht haben.

Der Lehrer/die Lehrerin

Manche Mitglieder eines Kreises werden sich mit dem Lehrer anlegen, manchmal schon von der ersten Stunde an. Sie fordern ihn heraus mit Behauptungen wie: »Sie wissen gar nicht so viel, wie Sie uns glauben machen wollen.« Es gibt Menschen, die von Natur aus halsstarrig sind und die Gruppe an sich reißen wollen, weil sie gewohnt sind, in jedem anderen Bereich ihres Lebens die Kontrolle zu haben. Sie werden Vertrauen gewinnen – doch nicht unbedingt Wissen oder Eignung. Ein solches Verhalten kann die Gruppe verwirren, und andere Mitglieder können dadurch sogar ihrer Kraft beraubt werden, einfach weil sie nicht wissen, ob sie dem eigensinnigen Kind oder dem Lehrer folgen sollen.

Ein guter Lehrer muss in der Lage sein, die Gruppe wenn nötig zu führen, aber nicht zu dominieren, und mit jedem in der Gruppe geduldig und klug umzugehen. Als Mitglied eines Kreises sollten Sie Vertrauen gewinnen aufgrund der Stärke dieses Lehrers, die von mitfühlender Art sein sollte. Letzten Endes jedoch muss ein Lehrer in der Lage sein, das Vorgehen in der Gruppe zu kontrollieren. Er sollte in sich ruhen, nicht unsicher und vage sein. Wenn Sie von Menschen umgeben sind, die Botschaften in alle Richtungen losschießen und sogar Streitereien anfangen, werden Sie jemanden mit Erfahrung und der richtigen Persönlichkeit brauchen, um alles – und jeden – zur Ordnung zu rufen.

Manchmal kommt es vor, dass Leute ihrem Lehrer die Schuld für ihren mangelnden Fortschritt geben: »Ich komme nicht weiter! Er ist einfach nicht gut genug!« Wenn Sie wirklich dieses Gefühl haben, gibt es eine einfache Antwort: Suchen Sie sich einen neuen Lehrer. Sie sind nicht verpflichtet, in dem Kreis zu bleiben.

Tatsächlich kommen häufig Leute zu mir und sagen: »Ich hasse meinen Kreis.« In der Regel ist mein erster Gedanke dann: »Woran liegt es, dass Sie Ihre Gruppe hassen? Hat es etwas mit Ihnen zu tun, oder liegt es daran, dass Sie einen schlechten Lehrer haben, oder eine schlechte Gruppe? Warum passen Sie nicht dahin? Gibt es etwas, was Sie tun können, um zu bleiben und zu helfen, dass die anderen besser mit Ihrer Gegenwart und Energie umgehen können?«

Auch die Tatsache, dass ein offener Kreis genau das ist – offen für alle –, kann die Mitglieder verwirren. Es existiert kein festgelegtes Format, wie Sie es zum Beispiel bei einem kleineren geschlossenen Kreis finden würden. Es gibt jedoch einen klaren Grund, warum ein von einer spiritualistischen Kirche oder Organisation gegründeter offener Kreis so viele Mitglieder anzieht: Wo so viele Menschen sind, besteht ein weites Feld der Möglichkeiten. Jede Woche verändert sich der Kreis, und es gibt keine regelmäßigen Teilnehmer – es kann sein, dass jemand nur zwei Wochen lang kommt und dann nie wieder.

Vor allem müssen Sie in einem offenen Kreis lernen, sich nicht von alldem, was Sie erleben und beobachten, beeinflussen zu lassen: Unter so vielen verschiedenen Teilnehmern sind immer auch welche dabei, die die gleiche Energie haben wie Sie. Tiefere Verbindungen mit anderen aufzubauen wird Zeit brauchen. Doch als Ort, der Lektionen der verschiedensten Art bereithält, empfand ich einen offenen Kreis immer als eine ideale Gelegenheit zum Wachsen, weil ich merkte, dass ich dort tiefer graben musste. Also bleiben Sie dran, auch wenn Sie es als schwierig empfinden. Unter Umständen werden Sie überrascht sein, wie viel Gutes Ihre Beharrlichkeit Ihnen bringen wird!

Geben Sie sich selbst genug Zeit

Wenn Sie die Entscheidung treffen, einem spiritualistischen Kreis beizutreten, sollten Sie versuchen, Ihre medialen Energien im Zaum zu halten und nicht zu erwarten, dass alles sofort passiert. Geben Sie sich viel Zeit – Zeit, sich auf die anderen Mitglieder einzustimmen und sich an die kollektive Energie der Gruppe zu gewöhnen. Geben Sie sich die Chance zu lernen, still in Meditation zu sitzen, sich in dieser neuen Umgebung zu akklimatisieren und sich daran zu erinnern, dass die beiden wichtigsten der fünf physischen Sinne, die Ihnen im Moment zur Verfügung stehen, Sehen und Hören sind. Benutzen Sie diese beiden Sinne. Lauschen und beobachten Sie. Hören und sehen Sie. Und vor allem: Versuchen Sie, nicht übermäßig enthusiastisch zu sein.

Eines der größten Missverständnisse bezüglich der Entwicklung medialer Fähigkeiten besteht darin, zu denken, dass es schnell gehen wird. Die Wahrheit ist, dass nichts in Stein gemeißelt ist, außer der Tatsache, dass die Entwicklung zum Medium Zeit braucht. In manchen Fällen viel Zeit. Also lassen Sie bitte alle Hoffnung sausen, über Nacht ein Medium zu werden. Das wird einfach nicht der Fall sein. Wir müssen zunächst unsere eigenen mentalen Prozesse entdecken und lernen, uns selbst und anderen zu vertrauen. Wir müssen uns entspannen. Wir müssen unser Ego zähmen.

Wir werden alle von Geistlehrern unterrichtet, die geduldig, entschlossen und behutsam sind, wenn es darum geht, uns auf unsere Aufgabe vorzubereiten. Mehr über sie später, doch seien Sie darauf vorbereitet, Zeit und Energie mit Ihren Lehrern zu investieren, und vergessen Sie nicht, dass spirituelle Entwicklung – anders als ein Polaroidfoto – nicht sofort eintritt! Also entspannen Sie sich, machen Sie das Beste aus der friedlichen Umgebung Ihres Kreises, und geben Sie sich dem Prozess vertrauensvoll hin.

Ich muss noch einmal hervorheben, dass nicht von Ihnen erwartet wird, etwas zu versuchen, sondern einfach nur zu sein. Wenn Sie etwas versuchen, wenn Sie vorwärtsdrängen statt zuzulassen, dass Sie sich entspannen, werden Sie zu einem Kind, das sich selbst beweisen muss. Dann hat der Teil von Ihnen, der konkurrieren muss, die Kontrolle übernommen. Das wird Ihnen jedoch nicht helfen! Entspannen Sie sich einfach, und seien Sie einfach da.

Halten Sie durch …

Es ist leicht, irritiert und ungeduldig zu werden, wenn Sie eben erst mit der Entwicklung Ihrer medialen Fähigkeit beginnen. Schließlich werden Sie Ihren Schutzschild gegenüber Personen ablegen, die Ihnen zunächst fremd sind und die eine emotionale Intensität an den Tag legen, die Sie nicht zu sehen gewohnt sind. Wenn Sie dies über einen längeren Zeitraum als unangenehm empfinden, vergessen Sie nicht, es ist keine Schande, eine Gruppe zu verlassen und eine neue zu finden. Wenn Sie einem Kreis beitreten, müssen Sie in der Lage sein, den anderen Mitgliedern zu vertrauen, und wenn Sie dies nicht können, ist es einfach nicht der richtige Kreis für Sie. Ich würde Ihnen jedoch raten, Ihr Bestes zu tun, um herauszufinden, warum eine Gruppe nicht richtig für Sie ist und ob dies korrigiert werden kann, bevor Sie die Entscheidung treffen, eine neue Gruppe zu suchen.

Wahrscheinlich wird sich Ihre Beharrlichkeit besser auszahlen, wenn Sie sich dazu entschließen, mit einem kleineren Kreis zu arbeiten, in dem es nur Menschen gibt, denen Sie vertrauen und die Ihnen ebenso vertrauen. Dann wird das Ganze leichter, nicht zuletzt, weil es weniger Personen gibt, mit denen man konkurrieren muss! Das überrascht Sie? Sie werden höchstwahrscheinlich merken, wenn Sie mehr über Spirit erfahren, dass Sie plötzlich der Beste sein wollen. Bis zu einem bestimmten Grad ist Konkurrenz positiv für Selbstreflektion und hilft uns, besser zu werden, doch manche Menschen kommen schnell in Versuchung, nur noch zu konkurrieren, was sie von ihrer wahren Aufgabe abhält: über das Geistige zu lernen und es zu erfahren. Es wird Ihnen helfen, wesentlich leichter Fortschritte zu erzielen – und oft auch wesentlich schneller, wenn Sie so bald wie möglich diese und ähnliche Aspekte Ihrer Persönlichkeit entdecken und sie zähmen und damit kontrollieren können, statt von ihnen kontrolliert zu werden.

Ich selbst bin einem großen etablierten Entwicklungskreis beigetreten und habe festgestellt, dass er die größte Bandbreite von Erfahrungen für mich bereithielt. Ich habe viele verschiedene schwierige Typen von Menschen kennengelernt – mit manchen von ihnen kam ich besser zurecht als mit anderen –, doch war es der einzige Kreis, von dessen Existenz ich wusste und daher der einzige, dem ich zum damaligen Zeitpunkt beitreten konnte. In einem großen Kreis zu sein bedeutete, dass ich Freundschaften mit einigen der Mitglieder aufbauen konnte, was mir wiederum bei Schwierigkeiten mit anderen half. Ich fand in diesem großen Kreis eine Kerngruppe von Personen, ungefähr sechs von 40, in der die Energie besser zu fließen schien, was sich auch im Laufe der Zeit nicht änderte und dazu führte, dass wir später unseren eigenen Kreis bildeten.

Folgen Sie Ihrem eigenen Tempo

Egal in welcher Art von Gruppe Sie sind, vergessen Sie nicht, dass das Ziel darin besteht, zu lernen, sich mitzuteilen, nicht zu konkurrieren und zu sagen: »Schaut mich an!« Fragen Sie sich selbst, wie Sie aufhören können, mit jemandem zu konkurrieren, der schneller lernt als Sie, und wie Sie lernen können, auf eine Art zu arbeiten, die für Sie richtig ist. Das Tempo, das für einen anderen am besten ist, muss es für Sie noch lange nicht sein.

Also vergessen Sie nicht, dass andere Mitglieder Ihres Kreises Möglichkeiten haben, den Kontakt mit Spirit aufzunehmen, die Ihnen nicht gegeben sind, und umgekehrt. Es ist möglich, Kreise zu gründen, die sich spezifischen Aufgaben widmen – zum Beispiel Trance-Kreise –, doch einen Kreis zu bilden, ohne ausreichende spirituelle Erfahrung oder genug Wissen über sich selbst zu haben, kann zu Problemen führen. In jedem Kreis braucht es Zeit, die Rollen der einzelnen Mitglieder zu bestimmen und gegenseitiges Vertrauen zu schaffen.

Zum Beispiel dauert es wesentlich länger, Trance-Kreise zu bilden, in erster Linie aufgrund von Ängsten, die die Teilnehmer mitbringen. Sie müssen geistig und emotional Ihrer selbst sicher sein, um einem solchen Kreis beizutreten, und dies ist selten der Fall, wenn jemand die ersten Schritte zur Entwicklung seiner medialen Fähigkeiten macht.

Ich werde Ihnen ein sehr gutes Beispiel geben, warum es besser ist, Ihr eigenes Tempo und Ihren eigenen Level zu finden, und warum es wichtig ist, Mitgefühl zu lernen, egal wie schnell oder langsam Sie vorgehen. Viele Jahre nachdem ich meinen offenen Kreis verlassen hatte, wurde ich von einem jungen Mann gefragt, wie er sich als Medium entwickeln könne. Nachdem ich ihm einige der Ratschläge gegeben hatte, die Sie in diesem Buch finden, schlug ich ihm vor, er solle sich nach einem offenen Kreis in seiner Nähe umschauen – wie es sich ergab, war dies mein ehemaliger Kreis – und herausfinden, ob das etwas für ihn sei. Er sagte: »Da war ich schon. Doch da gibt es so einen Typ, der geht mir echt auf die Nerven.« Ich musste einfach wissen, um wen es sich handelte, und ich war sehr überrascht, dass es tatsächlich nach all diesen Jahren immer noch Mr Witter war! Für ihn war der Kreis zu einem Ort geworden, wo er hingehen und ähnlich denkende Personen treffen konnte, mit denen er dann über seine Interessen sprach, statt sich weiterzuentwickeln.

Ich hatte damals festgestellt, dass er sich zu Beginn einfach nicht sagen lassen wollte, wie er sich am besten entwickeln konnte; er weigerte sich und blieb genau da, wo er war. Ich finde es schade, wenn sich jemand nicht entwickeln kann oder sich nicht dazu entscheidet. Es ist jedoch gut, sich Mr Witter oder andere wie ihn ins Gedächtnis zu rufen, wenn wir uns fragen, warum wir Mitgefühl entwickeln müssen, was unsere Gründe sind für den Wunsch, uns entwickeln zu wollen, und wie wichtig es ist, unser eigenes Tempo zu bestimmen. Das, woran Sie arbeiten und was Sie für andere tun wollen, wird zu den Hauptfaktoren bei Ihrem Fortschritt; die besten Lehrer der Welt können keinen anleiten, dem die Bereitschaft zum Lernen fehlt.

Es kann hart für Sie sein, von schwierigen Menschen umgeben zu sein, doch anderen zu helfen ist genau das, worum es bei der Entwicklung medialer Fähigkeiten geht. Nur Sie wissen, wie lange Sie dazu brauchen werden. Und seien Sie dabei liebevoll mit sich selbst und anderen – Sie alle sind dabei, ein Leben voller Konditionierungen zu überwinden. So etwas braucht seine Zeit.

Was mich betrifft, ich brauchte sechs Monate, um mich in meinem Kreis wirklich wohlzufühlen. Jeder von uns befand sich an einem anderen Punkt in seiner Entwicklung, also versuchte ich nach Kräften, einfach nur auf das fokussiert zu bleiben, was sich für mich entfaltete.

Heilung in der Gruppe

Die Heilung negativer Erlebnisse oder Denkmuster hilft der Gruppe als Ganzes, weil sie allen Mitgliedern Hoffnung und Verständnis vermittelt.

In einem mir bekannten Kreis zum Beispiel gab es eine Frau, die während der Meditation wiederholt ihrem geistigen Führer begegnete, einer Frau, die sagte, sie sei vergewaltigt worden. Jede Woche erfuhr sie ein wenig mehr von der Geschichte. Mehrere Jahre später stellte sich heraus, dass sie selbst als kleines Mädchen vergewaltigt worden war, und ihre Erfahrung während der Meditation hatte ihre eigenen Erfahrungen exakt widergespiegelt. Der Prozess half ihr sehr bei ihrer Heilung – er stellte sich als machtvolle Therapie für sie heraus.

Wenn Sie Lehrer in einer Gruppe sind oder werden wollen, müssen Sie den Unterschied zwischen spiritueller Erfahrung und reinigender Erfahrung erkennen können, und Sie dürfen nicht vergessen, dass Spirit niemanden, der noch nicht genügend Erfahrung hat, etwas so Negatives zeigen würde.

So erklären sich also Albträume: Wenn jemand in Tiefschlaf sinkt, einen wirklich entspannten Schlafzustand, gibt dies dem Unterbewusstsein oft die Möglichkeit, nach oben zu steigen, negative Ereignisse und Befürchtungen zu verarbeiten und die damit einhergehenden Denkmuster von etwas Destruktivem in etwas Segensreiches zu verwandeln. Und häufig kommen böse oder traurige Erinnerungen an die Oberfläche, damit wir mit ihnen umgehen lernen. Wenn Sie also entspannt in einer Gruppe meditieren – nicht nur physisch entspannt, sondern geistig entspannt –, werden Ihre mentalen Prozesse ähnlich verlaufen wie im Tiefschlaf. Und Sie werden eine wohltuende Transformation erleben.

Ständige Weiterentwicklung

Bis heute bin ich Mitglied in einem Entwicklungskreis und im Laufe der Jahre äußerst enge Verbindungen mit den anderen ständigen Teilnehmern eingegangen. Die Entscheidung, sich zu entwickeln, ist tatsächlich eine lebenslange Angelegenheit. Sie können nie sagen, dass Sie alles wissen, was es zu wissen gibt. Also geht die Entwicklung weiter, einschließlich des Bemühens, schlechte Gewohnheiten abzulegen. Manchmal gelingt uns das ohne Schwierigkeiten, während wir uns verändern, doch im Großen und Ganzen ist es ein andauernder Prozess, in dessen Verlauf Sie sich kontinuierlich immer weiter verfeinern. Auch für mich gibt es nach wie vor Dinge, an denen ich arbeiten muss.

Häufig liegt die Ursache, warum ich immer noch Gewohnheiten nachgehe, die ich weder geändert noch in einer für mich akzeptablen Weise umgeformt habe, darin, dass ich bisher nicht in eine Situation geraten bin, in der dieses Verhalten einfach an die Oberfläche kommen musste. Doch dank meiner fortlaufenden Entwicklung und meiner Arbeit sowohl mit Spirit als auch als Medium weiß ich, dass es mir, sollte ich mich in einer entsprechenden Situation wiederfinden, wesentlich leichter fallen wird, mein Verhalten zu akzeptieren.

Es ist sehr hilfreich zu erkennen, dass Sie in einer Weise auf Situationen reagieren können, die entweder nützlich ist oder sie behindert. Sich in einer Gruppe zu entwickeln und Erkenntnisse über sich selbst, andere und Spirit zu erlangen, wird Sie in die Lage versetzen, mit allem umgehen zu können, was Ihnen begegnet. Diese Erfahrung und das Wissen, dass Sie wählen können, wie Sie reagieren oder sich verhalten wollen, machen Sie gleichzeitig stärker und menschlicher. Wenn es um mediale Fähigkeiten geht, entwickeln Sie nicht nur Fertigkeiten, die anderen Menschen helfen, sondern vor allem auch solche, die Ihnen selbst zugutekommen.

Was mich betrifft, so habe ich früher oft Verantwortung für die »Was ist, wenn …«-Situationen übernommen – ich dachte zum Beispiel, es wäre mein Fehler, wenn meinen beiden kleinen Söhnen etwas zustoßen würde. Doch im Laufe meiner Entwicklung erkannte ich, dass ich persönlich keine Kontrolle über Leben oder Tod habe – ich habe nur meine eigenen persönlichen Reaktionen auf überragende Ereignisse dieser Art.

Es wird immer Spielraum geben, sich weiter zu verbessern. Nach meiner Erfahrung werden im Laufe Ihrer spirituellen Entwicklung andere Facetten Ihrer Arbeit wichtiger werden als Selbstverbesserung. Jedoch ist es immer klug, zurückzugehen und Ihre Seele von Zeit zu Zeit zu überprüfen und sich die Frage zu stellen, ob sie irgendeinen Aspekt Ihres Wesens auf die Botschaften projiziert hat, die Sie weitergeben. Sie müssen immer darauf achten, wie viel einer Botschaft von Ihnen persönlich kommt und wie viel von Spirit. Im Laufe der Zeit, während Sie üben und ein umfassenderes Bewusstsein erlangen, wird die geistige Welt immer öfter durchkommen, doch da Sie als Mensch der Channel sind, ist es wahrscheinlich, dass gleichzeitig ein kleiner Rest von Ihnen selbst durchkommt, besonders am Anfang. Je besser Sie werden, desto seltener wird dies der Fall sein.

Charakter entwickeln

Letzten Endes hat das Sitzen in einem Kreis nicht nur etwas mit der Entwicklung medialer Fähigkeiten zu tun, sondern damit, Charakter zu entwickeln. Es geht darum, sich als Mensch zu entwickeln, die eigenen Schwächen zu erkennen und sie in Stärken zu verwandeln. In diesem Sinne entwickeln Sie Ihren Geist und machen ihn zu einem psychologisch widerstandsfähigeren Ort, von dem aus Sie arbeiten können.

Also bedeutet Entwicklung mehr, als nur zu lernen, ein Heiler oder ein Medium zu sein – es geht auch darum, die innere Kraft zu stärken, um sich dem Leben zu stellen. Egal, wohin Ihre spirituelle

Reise Sie führen wird, für fast jeden besteht das Resultat seiner Entwicklung darin, den eigenen Charakter zu formen und zu verfeinern.

Es ist ein natürlicher Wunsch, sich von der Angst auf etwas hinbewegen zu wollen, was jenseits dieser Angst liegt. Doch letzten Endes geht es darum, ein Gleichgewicht zu finden zwischen diesem und dem nächsten Leben. Im Moment genügt es, wenn Sie wissen, dass beide Leben existieren und eine Verbindung zwischen ihnen hergestellt werden kann: Es ist nicht empfehlenswert, sich zu schnell auf das eine oder andere zu stürzen. Genießen Sie vielmehr einfach die Erfahrung, zwischen diesen beiden Existenzen zu leben und zu wissen, dass Sie mit ihnen kommunizieren können. Ein Entwicklungskreis ist häufig der ideale Ort, diesen »Zwischen«-Zustand zu erleben.

Tipps für die Entwicklung in einer Gruppe/einem Kreis

* Seien Sie begierig auf Ihren Kreis, aber nicht zu begierig, wenn er stattfindet.
* Seien Sie sehr geduldig, und erwarten Sie nicht jedes Mal ein spirituelles Erlebnis, nur weil Sie still sitzen, leise Musik hören und meditieren.
* Versuchen Sie, immer teilzunehmen und alles, was Sie in Ihrem Kreis tun und erleben, mit großem Respekt zu behandeln. Je mehr Sie sich Ihrem Kreis verpflichten, desto mehr werden Sie daraus gewinnen.

* Sie sollten den Kreis weder mit nach Hause nehmen noch Ihr alltägliches Leben davon beeinträchtigen lassen. Was in der Gruppe passiert, bleibt in der Gruppe.
* Versuchen Sie, in Ihrem alltäglichen Leben zentriert zu bleiben. Es ist gut, dafür zu sorgen, dass sich der Geist von spirituellen Dingen erholen kann – schließlich müssen Sie ja auch Ihrem Körper nach physischem Training eine Erholung gönnen. Das Gleiche gilt, wenn Sie Ihren Geist trainieren.

3. Verbindung mit Spirit aufnehmen

»Spirituelle Lehren bedürfen der Erfahrung, nicht allein der Worte.«

Ein männlicher Geistführer, der durch eine Frau namens Laura sprach, die zu meinem ersten Kreis gehörte

So beschämend es sein mag, muss ich gestehen, dass ich den größten Teil meiner ersten sechs Monate im Entwicklungskreis häufig einfach verschlafen habe! Ich schien vor lauter Fragen, die ich mir selbst stellte und auf die ich keine Antwort wusste, nicht meditieren zu können. Alle meine spirituellen Erlebnisse der Vergangenheit kamen mir plötzlich so weit weg und irgendwie ungreifbar vor; ich war mir nicht einmal mehr sicher, ob sie wirklich passiert waren. Oft hatte ich den Eindruck, dass überhaupt nichts passierte.

Jedenfalls kam es mir so vor. Seither habe ich gelernt, dass es immer einen Teil von uns gibt, der wächst, auch wenn wir es zu dem Zeitpunkt nicht merken und auch wenn es geschieht, während wir schlafen. Immer wieder hatte ich irgendwelche semispirituellen Erlebnisse – Sie wissen schon, so etwas in der Art wie: »Ich dachte, ich habe ein Geistwesen gesehen«, oder: »Ich hatte irgendwie das Gefühl, als ob mich jemand berührte.« Und wenn ich dann die Berichte der anderen Gruppenteilnehmer hörte, schien es mir, als seien meine unbedeutenden Erlebnisse nicht viel wert, vielleicht wahrscheinlich nur ein Produkt meiner Einbildung oder von meinem starken Wunsch nach einem spirituellen Erlebnis herbeigezaubert, was mich jedes Mal mutlos machte.

Den Verkehr im Kopf beobachten

Nach einiger Zeit stellte ich fest, dass das nächste Hindernis, das ich verstehen und überwinden musste, ein endloser Strom visueller Bilder und Gedanken war, die durch meinen Kopf rasten und nicht zu mir zu gehören schienen, oft begleitet von Empfindungen, die sich wie echter physischer Schmerz anfühlten. Hin und wieder hatte ich sogar das Gefühl, als würde ich außerhalb meines eigenen Körpers schweben.

Ein Mensch, der gerade mit seiner spirituellen Entwicklung anfängt, würde derlei Erlebnisse vielleicht einfach als paranormale Erfahrungen erklären, die von irgendwelchen übergeordneten geistigen Wesen außerhalb seines eigenen Selbst aktiviert wurden. Doch woher? Von wem? Und wie? Meistens ist es tatsächlich der Geist des sich entwickelnden Mediums, der sich auszudehnen und zu öffnen beginnt und dabei einige der verborgenen Aspekte seines eigenen Unterbewusstseins erfährt.

Wenn ich heute mit einem wesentlich klareren Verständnis auf jene ersten Entwicklungstage zurückschaue, habe ich definitiv das Gefühl, dass die meisten dieser Erfahrungen im Grunde die Beseitigung meines mentalen Mülls war – Myriaden von Gedanken und Gefühlen, die unter der obersten Schicht meines Bewusstseins lauerten. So verführerisch es ist, jedes Erlebnis in der Gruppe als etwas zu erklären, was mit Spirit zu tun hat, handelt es sich bei vielen dieser Erlebnisse in Wahrheit um einen Reinigungsprozess.

Bei intensiverer Beschäftigung mit den Entspannungsmethoden lockert sich allmählich der übergelagerte bewusste Verstand, gibt dem, was in den tieferen Schichten der Seele gelagert wurde, Raum und erlaubt den dort vergrabenen Erinnerungen, an die Oberfläche zu steigen. Dies kann man mit der Art von Träumen vergleichen, die Sie manchmal kurz vor dem Einschlafen oder Aufwachen haben: lebhafte Bilder und Gefühle, die auf den ersten Blick nichts mit Ihrem Leben zu tun zu haben scheinen, nehmen nach und nach vor Ihrem geistigen Auge Form an. Während Sie Ihr Bewusstsein entwickeln, werden Sie lernen, zu unterscheiden, was für Sie und Ihren Weg relevant ist und was zurückgelassen werden kann.

Doch erst wenn Sie wirklich zum ersten Mal echte spirituelle Phänomene erfahren haben, werden Sie beginnen, die Dinge in ihrem richtigen Kontext zu sehen und zwischen dem inneren und äußeren mentalen Verkehr zu unterscheiden.

Schreiben Sie alles auf

Es ist klug, Tagebuch über alle geistigen Aktivitäten, die Sie erleben, während Sie auf Ihrem Entwicklungsweg voranschreiten, zu führen. Ähnlich wie beim Aufschreiben von Träumen notieren Sie alle Einzelheiten, wie trivial auch immer sie Ihnen zum jeweiligen Zeitpunkt scheinen mögen. Es kann sein, dass sich zu gegebener Zeit einige interessante und einleuchtende Muster zeigen, die Ihnen wertvolle Einsichten vermitteln. Und es gibt keine besseren Erinnerungshilfen als datierte Aufzeichnungen, und sei es nur für Ihre eigenen Unterlagen oder zu Ihrer eigenen Befriedigung.

Ihr Tagebuch wird ein wertvolles Instrument sein, mit dem Sie den Fortschritt auf Ihrer geistigen Reise festhalten können. Da es bei der ersten Stufe der Entwicklung darum geht, die Gewölbe Ihres Geistes aufzuräumen, damit Spirit einen Ort findet, von dem aus er die Verbindung mit Ihnen aufnehmen kann – welch bessere Möglichkeit gibt es, Platz zu schaffen, als alles irgendwo auf Papier festzuhalten?

Erkennen Sie Ihren eigenen Spirit

Eine andere sehr wichtige Überlegung zu Beginn Ihrer Entwicklungsreise hat damit zu tun, mit Ihrem physischen Wohlbefinden und persönlichen Energiefeld in Kontakt zu kommen. Vergessen Sie nicht, während Sie sich darauf vorbereiten, sich mit einer höheren spirituellen Energie zu verbinden, dass Ihr Körper für diesen erhöhten Energiefluss bereit sein muss. Damit Sie eine solche Kraft aufnehmen können, ganz zu schweigen davon, sie zu einem solch frühen Zeitpunkt verstehen zu können, müssen Sie zunächst einmal das Energiefeld erkennen, das Ihnen am nächsten ist – mit anderen Worten, Ihren eigenen Spirit. Es macht überhaupt keinen Sinn, zu versuchen, mehr über Geistführer oder die Geschenke des Geistes zu erfahren, bevor Sie nicht die Erkenntnis gewonnen haben, dass Sie selbst Spirit sind!

Üben Sie sich in Geduld

Eine Verbindung mit dem Geistigen – Spirit – aufzubauen braucht Jahre, was dazu führt, dass Menschen oft ungeduldig werden. Sie fragen: »Warum kommen sie denn nicht zu mir?« »Warum geben sie mir nichts durch?« Es ist nicht so, dass Spirit nicht durchkommen will – vielmehr geht es darum, dass Sie noch nicht genug vorbereitet sind. Es hilft, auf das zu hören, was Sie selbst in solchen Situationen sagen. Wenn Sie andere beschuldigen, Ihnen nichts zu geben, dann zeigt das etwas über Ihre eigene Person. Ständig anderen die Schuld zu geben, wird Sie zurückhalten und Ihren Fortschritt erschweren.

Wenn Sie also verärgert sind, weil Ihnen nichts »gegeben« wird, denken Sie um und erkennen Sie, dass Sie noch nicht so weit sind, um das zu empfangen, was da draußen auf Sie wartet. Diese veränderte Einstellung allein wird Ihre Entwicklung beschleunigen. Und wenn Sie bereit sind, zu empfangen, dann wird es passieren.

Begegnung mit Spirit

Die erste Begegnung mit Spirit ist für jeden Menschen anders, doch egal, wie sie es beschreiben – »Ich habe dieses Brausen gefühlt«. »Ich hatte das Gefühl, als ob etwas herunterfällt« –, immer sind die Betreffenden sich bewusst, dass etwas »Andersartiges« geschieht. Oft werden sie behaupten, etwas gesehen zu haben, was sich jedoch leider als etwas herausstellte, was nur ihrer Einbildung entsprang. Der Schlüssel liegt darin, das Geistige nicht zu sehen, sondern zu fühlen. Bei der Arbeit als Medium geht es nicht darum, etwas zu sehen, sondern hier gilt: Fühlen ist Glauben.

Mein erstes Erlebnis der umfassenden Verbundenheit mit Spirit – anders als das Berühren der Grenzen, so wie ich es zuvor erlebt hatte – sorgte dafür, dass jede vorherige Erfahrung völlig in den Hintergrund trat. Ich kann nicht einmal ansatzweise die ersten sanften Berührungen mit dem Geistigen mit der echten Verbindung vergleichen, die ich dann erlebte. Es ist ungemein schwierig, die Freude und Ekstase zu beschreiben, die diese Verbindung in mir hervorriefen; für die Größe des Geistigen gibt es einfach keine adäquaten Worte. Zum ersten Mal in meinem Leben glaubte ich nicht länger – das, was geschah, übertraf meinen Glauben. Ich konnte Spirit fühlen: seine Unermesslichkeit, sein Wissen und vor allem seine Liebe. Die Realität dessen haute mich vom Stuhl und gehört bis heute zu den wichtigsten Erfahrungen meines Lebens.

Bis dahin war ich frustriert gewesen, dass ich zwar Dinge sah und hörte und sogar Botschaften weitergeben sowie als Brücke zur geistigen Welt dienen konnte, aber nicht imstande war, diese Brücke zu überqueren, um auf die andere Seite zu kommen. Ich bin felsenfest davon überzeugt, dass meine schiere Frustration den letzten Schritt zu dieser Verbindung ermöglichte – auch wenn ich nicht zu sagen vermag, wie es passiert ist. Ich hatte irgendwann zu zweifeln begonnen und gesagt: »Irgendetwas muss sich ändern. Wenn ich das, was hier vorgeht, nicht als etwas Reales empfinde, ist es dann real? Glauben allein reicht mir nicht – ich muss wissen.« Und plötzlich war die Verbindung zu jener höheren Ebene hergestellt. Ich wusste, wie Spirit sich anfühlte. Es war so ähnlich wie Fahrradfahren lernen – in einem Moment war ich frustriert, und im nächsten Moment begriff ich, wie es ging. Ich hatte den Dreh heraus und wusste, dass ich es nie wieder vergessen würde.

Trotzdem besteht die Möglichkeit, dass dieses Erlebnis Teil meines höheren Selbst war, das ich als getrennt von mir sah, um daraus zu lernen. Doch welcher Aspekt auch immer mir gezeigt wurde, ob es nun mein höheres Selbst war oder Spirit selbst, in jedem Fall war es das wundervollste Gefühl, das ich je erfahren hatte. Ich beschloss, es als einen flüchtigen

Blick darauf zu sehen, wie es war, Spirit zu sein, statt ein spirituelles Wesen auf einer physischen Reise.

Ist es wirklich Spirit?

Bei diesem Erlebnis erkannte ich, dass man etwas Tieferes verstehen muss – nämlich wie real Spirit ist –, um sich als Medium wirklich entwickeln zu können.

Viele Menschen begeben sich auf diesen Weg, nur um irgendwann stecken zu bleiben, weil sie sich so unsicher sind. Oft fragen sie: »War ich es oder war es tatsächlich Spirit? Ist das, was mir passiert, real oder bilde ich es mir nur ein? Mache ich mir das Ganze vielleicht vor?«

Die Fähigkeit, zwischen dem zu unterscheiden, was von innen kommt, und dem, was Ihnen von der geistigen Ebene gezeigt wird, ist einer der wichtigsten Faktoren bei der Entwicklung des potentiellen Mediums. Zu diesem Zeitpunkt werden sich diejenigen unter Ihnen, die in diese bestimmte Richtung nicht weitergehen wollen, mehr und mehr zu den intuitiven Bereichen ihres Bewusstseins hingezogen fühlen, wobei sie undeutliche Visionen sehen und Situationen in ihrer näheren Umgebung spüren, von denen die meisten auf einer sehr materiellen Ebene stattfinden.

Vielleicht erleben Sie auch physische Situationen, während sie mit der Geistwelt kommunizieren, doch am besten können Sie feststellen, ob etwas von Spirit kommt oder aus ihrem eigenen Unterbewusstsein, indem Sie prüfen, ob es sich wiederholt.

Die ersten medialen Ebenen

Bei dem Versuch, Verbindung mit Spirit aufzunehmen, sollten Sie jedes Mal, wenn Sie in der Gruppe meditieren, darauf achten, ob Sie die gleiche Art von Empfindungen haben. In meinem Fall war es ein Gefühl, als hätte ich einen feinen, dünnen Bart und würde eine Art Robe tragen, während meine Hände sich langsam, aber spontan bewegten, so als würden sie eine Form von Tai-Chi ausüben.

Am Anfang fragte ich mich, was um alles in der Welt da mit mir passierte. Als ich bei Mrs Primrose Rat suchte, erwiderte sie, ich solle geduldig sein und die Geistwelt fragen. Sie fügte hinzu, dass sie mir alles erklären würden, sobald ich für dieses Wissen bereit sei.

Nach einiger Zeit fing ich an, diese Ereignisse zu ignorieren, weil mein Verstand mehr daran interessiert war, Botschaften für andere Personen im Kreis zu erhalten. Ich war im Begriff, bereits auf den ersten Stufen der medialen Entwicklung stecken zu bleiben. Statt die Eindrücke der geistigen Welt zu registrieren, die versuchte, Kontakt mit mir aufzunehmen, entschied ich mich, diese zu ignorieren und stattdessen die außersinnlichen Datenbanken anzuzapfen.

Manche Menschen sind natürlich zufrieden, auf dieser Ebene zu bleiben. Einige Medien, die nur auf der Ebene dieses Energiefelds arbeiten, können wunderbare Beweise durchkommen lassen und gewinnen häufig ein Verständnis des außersinnlichen Bereichs, ähnlich jemandem, der in Psychometrie bewandert und fähig ist, die Lebensgeschichte eines Menschen anhand eines bestimmten Objekts zu lesen, oder intuitiven Heilern, die in der Lage sind, eine Krankheit genau zu erkennen oder allein durch das Berühren eines Patienten die richtige Diagnose zu stellen. Außersinnliche bzw. hellsichtige Erfahrungen können bunt, fantastisch und ziemlich ablenkend sein. Doch der Schüler, der mediale Fähigkeiten bis ins Kleinste erforschen möchte, muss tiefer nach innen gehen und darf sich nicht mit dieser ersten Stufe zufriedengeben.

Ich erinnere mich, wie ich selbst in diesem frühen Stadium schnell abgelenkt wurde und glaubte, den Schlüssel zu guter medialer Arbeit gefunden zu haben. Doch etwas tief in mir meldete sich und drängte mich, weiterzugehen. Ich wollte mehr über die grenzenlose Quelle und ungeheure Kraft hinter der Macht des Geistes erfahren, also blieb ich dran. Ich rate Ihnen, das Gleiche zu tun.

Was passiert für Sie?

Beim Meditieren, in der Stille dieses Zustands ruhend, merkte ich, wie ich immer mehr inneren Frieden erlangte. Dennoch stellte ich mir noch immer Fragen. Ich war äußerst begierig darauf, etwas über meine potentiellen geistigen Führer zu erfahren und darüber, welche Art spiritueller Arbeit ich zu tun in der Lage sein würde. Und wie war das mit den »Geschenken« von Spirit, von denen andere Medien gesprochen hatten? Was würden meine Geschenke sein? Und wann würde ich anfangen, sie zum Wohl aller zu benutzen?

Die frühen Tage medialer Entwicklung können sehr anstrengend sein, vor allem, wenn jeder in Ihrer Umgebung wesentlich schneller zu wachsen scheint. Dies bringt mich zu einem wirklich wichtigen Punkt. Bitte, bitte beschäftigen Sie sich nur mit dem, was für Sie passiert. Registrieren Sie alle Ihre Erfahrungen mit einer gesunden Portion Menschenverstand, und halten Sie sich von allen Fantastereien fern. Und treten Sie nie in einen Wettstreit mit einem anderen Mitglied Ihrer Gruppe! Das würde unweigerlich zu Ablehnung und Eifersucht führen, äußerst negativen Gefühlen, die Sie niemals in einen Entwicklungskreis einbringen sollten.

»Ist es die ganze Mühe wirklich wert?«, habe ich mich damals mehr als einmal gefragt, während ich tiefer und tiefer in die Welt des Geistes eintauchte. Jeder Schüler wird sich diese Frage an irgendeinem Punkt in seiner Entwicklung mindestens einmal stellen, und viele auch wesentlich öfter. Viele Menschen verlassen diesen Weg, sobald diese Frage zum ersten Mal auftaucht, wobei es manchen sogar leidtut, dass sie sich überhaupt jemals mit diesem Thema beschäftigt haben. Ich hatte ständig das Gefühl, als würde ich irgendwie zurückgehalten. Und das war auch der Fall. Ich hielt mich selbst zurück.

Erhöhen Sie Ihre Schwingungen

In meinen ersten Entwicklungsstadien hörte ich sehr oft Medien oder sogar Aspiranten, die weiter entwickelt waren als ich, sagen: »Du musst lernen, deine Schwingungen zu erhöhen.«

»Okay«, dachte ich dann, »meine Schwingungen erhöhen! Die Energie zum Fließen bringen! Aber wie?«

Auf meine Frage, wie ich dies erreichen könne, erhielt ich nie eine zufriedenstellende Antwort. Sie alle ließen mich im Dunkeln, buchstäblich. Es war die erste von vielen Fragen, die für mich unbeantwortet blieben. Also gebe ich sie an Sie weiter. Denken Sie darüber nach. Wie können Sie Ihre Schwingungen erhöhen?

Bei der Arbeit mit der geistigen Welt müssen Sie bereit sein, Spirit auf halbem Weg zu treffen. Das bedeutet, dass Sie Ihre Gedankenschwingungen erhöhen und Kontrolle über Ihren Verstand gewinnen müssen. Es ist also sehr wichtig zu lernen, wie Sie Ihren Verstand mit höheren und besseren Gedanken bereichern können. Dadurch wird Ihre Auraschwingung nach und nach immer schneller und trägt Sie fort von den schweren, niedrigen Ebenen irdischer Denkweisen, wie etwa Angst, Wut, Sorgen und Zweifel.

Indem Sie sich völlig auf positive, mitfühlendere Gedanken konzentrieren – wenn Sie zum Beispiel daran denken, andere zu heilen oder Menschen Gutes zu bringen, denen es schlechter geht als Ihnen –, werden Sie eine Leichtigkeit des Geistes erlangen und Ihre Aura zum Strahlen bringen. Dies erlaubt dem Geist in Ihnen, spürbarer zu werden, und infolgedessen dem Geist außerhalb von Ihnen, näher zu treten und anzufangen, die erste wirkliche Verbindung mit Ihnen aufzunehmen.

Das Licht bricht durch

* Versuchen Sie einen Moment lang, sich Ihre Seele als einen kleinen, wunderbar geschliffenen Diamanten vorzustellen, umhüllt von einer dunkelgrauen Wolkenmasse. Diese schweren, niederdrückenden Wolken repräsentieren all die Zweifel und Ängste, an denen die Seele sich festklammert und die im Laufe der Jahre immer mehr zugenommen haben.
* Jetzt stellen Sie sich vor, wie Sie – gleich oberhalb der Wolken – von hellem, strahlendem Sonnenlicht umgeben sind. Diese kristallklare Helligkeit repräsentiert die Schönheit der geistigen Welt, die Sie umgibt und mit allen Kräften versucht, die dichte Wolkendecke des menschlichen Verstandes zu durchbrechen.
* Die erste wahre spirituelle Erfahrung Ihres Lebens wird eintreten, wenn jenes geistige Licht Kontakt mit dem Diamanten aufnimmt und Sie ganz und gar mit Licht und Farbe erfüllt. Dann werden Sie wissen. Das Ganze funktioniert wie ein Prisma, das Regenbogenlicht aussendet, das die dunkleren Erinnerungen zum Schmelzen

bringt und Öffnungen in Ihrem Bewusstsein erzeugt, so dass mehr von der höheren geistigen Natur Einlass findet.

Ich betrachte meine frühe Reise durch die verschiedenen geistigen Zustände und erkenne, dass der Geist genauso sein kann wie das Meer. Oftmals erscheint die Oberfläche ruhig und einladend, doch die wahre Herausforderung besteht darin, herauszufinden, was jenseits der tiefen blauen Weite liegt. Erst wenn Sie Stille und wahre Klarheit zutage fördern, können Sie anfangen, darüber hinaus- und in den Ozean hineinzublicken, der Ihr Bewusstsein ist. Solange Sie sich davor fürchten, was auf dem tiefsten Grund liegt, werden Sie nie die nächste Stufe geistigen Bewusstseins erreichen können.

Zweite Stufe: Sich öffnen

»Die besten und schönsten Dinge der Welt können weder gesehen noch berührt werden – sie müssen mit dem Herzen gefühlt werden.«

Helen Keller

Auf dieser Stufe geht es darum, zu lernen, wie man Botschaften aus der Geistwelt empfangen und verstehen kann. Sie werden zuweilen Gefühle und Eindrücke bekommen, die regelrecht bizarr scheinen. Das ist völlig in Ordnung – schließlich ist die Reise ein Spaß und manchmal eben auch echt komisch! Doch ist sie darüber hinaus sehr lohnenswert, vor allem, wenn Sie sehen, wie Ihre Bemühungen Früchte zu tragen beginnen. Es wird jedoch viele Male geben, besonders am Anfang, wo Sie sich der Botschaften und dem, was Spirit Ihnen zeigen will, unsicher sein werden. Sind diese Informationen real? Gibt Spirit wirklich dieses Datum oder diesen Namen durch?

Dieses Kapitel handelt davon, die Arbeit mit der Geistwelt aufzunehmen, die Führung spiritueller Lehrer anzunehmen und loszulassen und dem Prozess zu vertrauen …

4. Ein- und Ausschalten

»Eine Blume öffnet sich selten in der Dunkelheit.«
Dronma

Die geistige Welt wird nicht unbedingt jedes Mal versuchen, mit Ihnen zu kommunizieren, wenn Sie sich hinsetzen und die Augen schließen. Doch Sie können Ihre Bereitschaft zeigen, Botschaften zu empfangen, indem Sie Ihren Geist »öffnen« und wieder »schließen«, wenn Sie fertig sind. Dies zu lernen stellt einen sehr wichtigen Aspekt der Entwicklung zum Medium dar. Ich nenne es »die Kunst des Ein- und Ausschaltens«.

Es gibt nicht die eine richtige Art, ein- und auszuschalten, sondern vielmehr wahrscheinlich so viele Methoden, wie es Medien gibt. Man wird Ihnen die unterschiedlichen Herangehensweisen beschreiben, die am besten funktionieren, doch es liegt an Ihnen, sich für die Art zu entscheiden, die für Sie am besten und natürlichsten ist. Unabhängig davon, welche Methode Sie wählen, ist es von größter Wichtigkeit, dass Sie sobald wie möglich lernen, sie anzuwenden, und sie zu einem festen Bestandteil Ihrer Praxis machen. Hier sind ein paar Vorschläge:

Einschalten

Als Erstes müssen Sie Ihren inneren Schalter finden. Meiner ist ein rituelles Gebet, das ich innerlich spreche und das Menschen gilt, von denen ich weiß, dass sie geistig oder körperlich leiden. Gedanken des Mitgefühls werden Ihre spirituelle Schwingung erhöhen und Ihren Geist nach oben in Richtung der höheren, spirituelleren Kräfte lenken.

Manche Personen bevorzugen eine Visualisierung, bei der sie sich selbst sehen, wie sie auf eine höhere Ebene oder an einen höheren Ort reisen. Andere beten um Führung oder legen ihren Schalter um, indem sie tiefe Atemzüge nehmen. Wie bereits gesagt, die Wahl liegt bei Ihnen, doch ist irgendeine Art geistigen Werkzeugs erforderlich, um Sie von den niederen physischen Belangen, die Ihr irdisches Wesen umgeben, wegzuführen und Ihr Bewusstsein den höheren Ebenen des Geistigen um Sie herum zu öffnen.

Wenn Sie diese Art Schalter oder Einschaltknopf jedes Mal benutzen, wenn Sie im Kreis meditieren, wird er zunehmend besser wie ein Radiosignal funktionieren, das Ihre Seele den Geistführern sendet, die Ihnen nahestehen – die wiederum wie Empfänger reagieren werden. Je länger Sie üben, Ihr Signal auszusenden, desto kraftvoller werden Ihre Übermittlungen, und es wird Ihnen um ein Vielfaches leichter fallen, wenn Sie jede Woche zur selben Zeit vom selben Ort aus senden können.

Aus diesem Grund sollten Sie Ihre medialen

Fähigkeiten nur in der Gruppe oder in dem Kreis entwickeln, in dem Sie üben. An anderen Orten zu üben wird nur die geistigen Verbindungen beeinträchtigen, die Sie eigentlich intensivieren wollen. Außerdem wird Ihnen die starke gegenseitige Verbindung, die Sie aufgebaut und im Rahmen der Gruppe fast wie eine Batterie aufgeladen haben, nicht zur Verfügung stehen. In den frühen Stadien Ihrer Entwicklung wird jede Information, die Sie durch das Üben außerhalb der Gruppe gewinnen, wahrscheinlich sehr verzerrt sein.

Nehmen Sie sich Zeit für sich

Achten Sie darauf, nicht jedes Mal beim Meditieren Ihr Signal auszusenden. Während Ihrer Entwicklung brauchen Sie sowohl Zeit für Spirit als auch für sich selbst, und es ist wichtig, diese beiden Ebenen separat zu halten. Jahrelang habe ich immer wieder Geschichten von Leuten in Entwicklungskreisen gehört, die behaupten, dass die geistige Welt sich in ihr Leben einmischt oder sie zu Hause stört, wenn sie versuchen, zu schlafen oder zu meditieren. Der Grund dafür ist, dass sie nicht gelernt haben, sich richtig ein- und auszuschalten.

Darüber hinaus ist es für jeden, der gerade erst anfängt, mehr als genug, einmal in der Woche im Kreis zu sitzen und zu meditieren. Lassen Sie sich nicht von dem Gedanken verführen, dass Sie umso schneller lernen, je öfter Sie meditieren, oder dass Sie dadurch irgendwie zu einem besseren Medium werden. Es wird nur dazu führen, dass Ihr Kopf vollgestopft wird mit Gedanken und Sie nicht mehr wissen, was wirklich von Spirit kommt und was nicht. Falls Sie das Bedürfnis haben, allein zu Hause zu meditieren, nutzen Sie diese Zeit, um für sich zu beten, um Klarheit in Ihren Geist und/oder Ihrem Körper Entspannung zu bringen.

Loslassen und vertrauen

Bei Ihrer Arbeit im Entwicklungskreis sollten Sie nach Möglichkeit versuchen, sich eine Routine zuzulegen, bei der Sie einfach jedes Erlebnis so nehmen, wie es kommt. Es macht wirklich keinen Sinn, zu versuchen, den nächsten Schritt Ihrer Entwicklung vorauszusagen, bevor er eingetreten ist. Jede Erfahrung muss erlebt, genau betrachtet und dann verarbeitet werden, und erst wenn sie wirklich verstanden wurde, sollten Sie fortfahren. Auf diese Weise beseitigen Sie unnötige Verwirrung und Zweifel aus Ihrer Seele.

Jeder nächste Schritt, und sei er auch noch so klein, erfordert einen unerlässlichen Bestandteil, den das angehende Medium erfahren muss, um diese Reise bis zum Ende fortsetzen zu können: Vertrauen. Die Praxis der Meditation ist bei der Entwicklung von Vertrauen wichtig, weil wir zuerst lernen müssen, den Geist ruhig zu halten. Doch um präzise zu sein, ist das, was wir im Kreis tun, streng genommen keine Meditation. Wenn es bei Meditation darum geht, einen bestimmten geistigen Fokus beizubehalten, dann hat die Entwicklung zum Medium mehr mit Loslassen zu tun. Damit meine ich, dass wir einen Teil unseres inneren Raums loslassen und Spirit erlauben, die Kontrolle über die Leere zu übernehmen, die wir hervorgerufen haben. Das ist der Grund, warum in der Anfangsphase Ihrer Entwicklung so viel Wert auf Meditation gelegt wird; damit klären Sie Ihre Emotionen und lernen, sich selbst zu verstehen. Wir müssen uns selbst kennen, bevor wir wirklich loslassen können.

Ausschalten

Sobald Sie gelernt haben, wie Sie sich einschalten können, und das Loslassen und das Vertrauen beherrschen, besteht die nächste Aufgabe darin, sich wieder auszuschalten. Ausschalten ist etwas, was beinahe automatisch passiert. Der höchste Energiemoment in der Session wird ganz natürlich abnehmen, die Energie in der Gruppe wird allmählich nachlassen, und Sie werden sich wieder des Raums um Sie herum und der darin befindlichen Personen bewusst werden.

Dennoch sollten Sie sich eine Übung zu eigen machen, mit der Sie Ihre Meditation beenden. Auch hier ist ein kurzes Gebet oder eine Visualisierung ausreichend. In der Regel danke ich den geistigen Wesen dafür, dass sie die Verbindung mit mir aufgenommen haben. Diese einfache Anerkennung genügt mir, um zu wissen, dass die Verbindung getrennt wurde. Auch ein paar tiefe Atemzüge, gefolgt von dem Wort »Danke«, erfüllen den gleichen Zweck. Es ist nicht nötig, beim Ein- oder Ausschalten dramatisch zu werden. Sich mit der geistigen Welt zu verbinden sollte immer ein sehr anmutiger und natürlicher Vorgang sein. Wichtig dabei ist, dass Sie bestätigen, dass Ihre Session beendet ist.

Ich habe des Öfteren Aspiranten erlebt, die nach einer Session einfach kein Ende finden konnten und viel Aufhebens davon machten, aus dem meditativen Zustand zurückzukommen. Andere behaupteten, Spirit würde sie nicht gehen lassen oder wäre tagelang bei ihnen geblieben. Wenn diese Personen nur wüssten, wie viel Energie dafür erforderlich wäre, würden sie anders denken! Wann immer ich einen Entwicklungskurs leite, weise ich auf diesen Punkt hin. Für mich ist eine derartige Behauptung ein Zeichen, dass sich in Wahrheit das potentielle Medium an Spirit klammert, und nicht anders herum.

Sie sollten also Ihnen und den anderen in Ihrer Gruppe zuliebe sich am Anfang einschalten und – bitte, bitte, nicht vergessen! – am Ende wieder ausschalten.

Erden Sie sich

Wenn Sie mit Ihrer spirituellen Arbeit fertig sind, sollten Sie sich erden, indem Sie Ihr eigenes Leben leben. Sie können nicht Ihr ganzes Leben »spiritualisiert« sein – das ist unmöglich. Die meisten Personen, die ich kenne und die Probleme mit ihrer medialen Entwicklung hatten – die glaubten, als Folge dieser Entwicklung seien ihnen die Geister auf den Fersen oder in ihrer Umgebung würde es spuken –, hatten sich einfach nicht genug geerdet. Das war alles. Der »Spuk« ereignete sich nicht, weil sie von »bösen Geistern« verfolgt wurden, sondern weil sie völlig den Überblick verloren hatten und nicht mehr wussten, wie sie den Stecker herausziehen, die spirituelle Seite ausschalten und ein normales Leben als Mensch führen konnten.

Spuk und das sogenannte »Besessensein« finden nur im Kopf des Menschen statt. Es sind menschliche Zustände, die nichts mit der geistigen Welt zu tun haben und oft, möglicherweise unbewusst, als Gelegenheit benutzt werden, Aufmerksamkeit zu erlangen. Doch häufig wissen wir nicht, was in unserem eigenen Kopf vorgeht, und das ist der Grund, warum uns etwas, was als »paranormal« empfunden wird, Angst einjagen kann. Doch in 99,9 Prozent aller Fälle sind es keine Geister, sondern einfach nur wir selbst – ein weiterer Grund, warum es so wichtig ist, dass wir uns selbst kennen und von Beginn unserer Entwicklung an mit unseren Ängsten umgehen lernen. Und dass wir uns dann nach jeder Art spiritueller Arbeit ausschalten und erden. Wenn Sie das jedes Mal tun, werden Sie keine Probleme haben.

Ich hatte das Glück, dass ich während der ganzen Zeit meiner medialen Entwicklung einen Friseursalon hatte, und es gibt nichts, was mehr erdet, als am nächsten Tag wieder in den Laden zu gehen und einem Kunden einen Kurzhaarschnitt zu verpassen!

Was immer Sie tun, achten Sie darauf, während Ihrer spirituellen Entwicklung auf irgendeine Weise die Balance in Ihrem Leben aufrechtzuhalten. Manche Menschen werden durch ihre Familie geerdet, manche durch ihre Arbeit – was immer es ist, wichtig ist, den Kontakt mit der alltäglichen physischen Realität nicht zu verlieren. Wenn Sie merken, dass Sie ständig an Ihre spirituelle Entwicklung denken – dann ist es höchste Zeit, sich zu erden!

Ihr innerer Raum gehört nur Ihnen

Und vergessen Sie nicht, Ihr innerer Raum gehört Ihnen. Nichts und niemand kann diesen Raum betreten, wenn Sie es nicht erlauben. Die geistige Welt und ihre Bewohner sind völlig frei von dieser materiellen Welt und stellen sich selbst und ihr höheres Wissen jenen unter uns zur Verfügung, die dieses Wissen suchen. Es würde keinen Sinn machen, wenn diese Wesenheiten versuchten, an physischer Materie festzuhalten, die sie viele Jahre zuvor zurückgelassen haben – tatsächlich sind sie weit darüber hinausgegangen.

Das Einzige, was sich in Ihrem Geist festmachen kann, ist Ihre Angst. Aus diesem Grund fordere ich die Menschen ständig auf, in ihrer Entwicklung sich selbst gegenüber ehrlich zu sein und – sollten sie irgendwie Angst vor dem Gedanken haben, dass Spirit sie nicht loslässt – mit dem Leiter ihres Kreises oder ihrer Gruppe zu sprechen und offen diese Ängste zum Ausdruck zu bringen. Diese Ängste werden, sobald sie in Worte gefasst werden, an die Oberfläche geholt, wo sie rationalisiert und verstanden werden können. Ich finde es traurig, dass Leute Besessensein und Spuk mit der geistigen Welt assoziieren, da ich weiß, dass Spirit in Wahrheit nur helfen, führen und heilen will.

5. Begegnung mit Ihrem geistigen Führer

»Wenn der Schüler bereit ist,
wird der Meister erscheinen.«
Buddhistisches Sprichwort

Brauchen Sie einen Führer, um Kontakt mit Spirit aufzunehmen? Nicht am Anfang, wie Sie vielleicht schon selbst festgestellt haben, doch werden Ihnen im Laufe Ihrer Entwicklung Wesenheiten begegnen, die Sie nach und nach so klar wie einen Freund oder ein Mitglied Ihrer Familie erkennen. Dies sind Ihre geistigen Führer.

Geistführer

Es gibt viele Geistführer und höhere geistige Wesen, die in unser Leben kommen und uns an die Hand nehmen. Was genau sind sie? Hat jeder von uns eine Gruppe von Geisthelfern an seiner Seite? Arbeiten sie getrennt oder zuweilen auch in Gruppen? Und warum sind die meisten geistigen Führer, von denen wir hören, Indianer, chinesische Heiler oder Nonnen?!

Dies sind nur ein paar der oft gestellten Fragen über geistige Führer. Einige der Antworten, die ich im Laufe der Jahre gehört habe, waren verwirrend und – wage ich zu behaupten – bisweilen sogar zum

Lachen. Ich werde versuchen, diese Fragen für Sie zu vereinfachen, und Ihnen einige Beispiele meiner persönlichen Erlebnisse im Kontakt mit höheren geistigen Wesen geben, in der Hoffnung, Ihnen damit ein besseres Verständnis dieser Wesenheiten zu vermitteln.

Man sagt, dass Geistführer vom Augenblick unserer Geburt an bei uns sind, ein wenig so wie Schutzengel. Jeder Mensch hat irgendeine Art von spirituellem Schutz. Wie Sie diesen Schutz sehen und mit ihm interagieren, hängt von Ihnen ab. Im Falle eines Mediums scheint es für den Schutzgeist oder geistigen Führer von Bedeutung zu sein, sich erkennbar zu machen, da er oder sie von der geistigen Welt aus die Arbeit des Mediums kontrolliert. Darüber hinaus ist ein geistiger Führer für das Medium ein Kontaktpunkt, jemand, auf den er sich beziehen und durch den er sich auf die jenseitige Welt einstimmen kann.

Ihr geistiger Führer wird zudem Ihr wichtigster Lehrer sein. Je weiter Sie jedoch auf Ihrer Reise voranschreiten, desto weniger werden Sie sich auf die physische Präsenz oder sogar den Namen eines Führers beziehen müssen. Je mehr Verständnis Sie von Ihrer Verbindung mit der geistigen Welt gewinnen, desto weniger werden Sie auf physische Referenzen angewiesen sein.

Einer meiner Geistführer, und ich weiß, es hört sich an wie ein Klischee, scheint tatsächlich Chinese zu sein. Ich nenne ihn Chi. Ungefähr im dritten Jahr meiner Ausbildung erschien er mir eines Tages beim Meditieren in meinem Kreis. Während ich in einem Zustand der Halbtrance und mein Geist bis zu einem gewissen Grad von meinem Körper getrennt war, sah ich die kleine Gestalt eines Mannes, der auf mich zuging. Als er näher kam, erkannte ich sofort, dass er Orientale war. Er schien meine Hände zu nehmen und mich an einen Ort zu führen, der einem Bergplateau ähnelte.

Viele Dinge passierten, doch der Grund, warum ich diesen Vorfall erwähne, ist der, dass Chi sich als mein spiritueller Führer vorstellte und mir sagte, sein Job bestünde darin, zu allen Zeiten mein Beschützer zu sein, und dass er diese Aufgabe von seinem Aussichtspunkt in der geistigen Welt aus erledigte. Außerdem informierte er mich, dass er die Kontrolle darüber hatte, welchen anderen geistigen Wesenheiten, die den Wunsch verspürten, mit mir zu arbeiten, er erlauben würde, durchzukommen. Und er würde mein wichtigster Lehrer sein. Der Grund, warum er sich mir zu diesem bestimmten Zeitpunkt zeigte, lag ihm zufolge darin, dass ich nun bereit sei.

Woher kommen Geistführer?

Es ist nicht ungewöhnlich, dass Menschen einen geistigen Führer haben, der aus einer spirituell reichen Kultur oder Umgebung kommt – eine Nonne, ein Indianer, ein buddhistischer Mönch oder eine andere Gestalt aus dem Orient. Ich bin oft gefragt worden, warum dem so ist. Es könnte sein, dass der

Führer jemand ist, der in dieser Form auf der Erde gelebt hat. Einige Führer haben sich jedoch niemals auf der irdischen Ebene aufgehalten und sind sogar nie Menschen gewesen. Vielmehr sind sie Geistwesen, die jede Gestalt annehmen können, um ein spezifisches Bedürfnis von uns zu erfüllen; oder sie verwandeln sich in etwas oder jemanden, den wir als heilig empfinden. Sie sind Archetypen dessen, was wir uns als höheres Wesen vorstellen.

Oft kommt es auch vor, dass Geistführer Lebenslektionen widerspiegeln. Sie sind sowohl da, um das zu illustrieren, was wir lernen müssen, als auch, um uns zu führen und eine erkennbare Verbindung mit Spirit herzustellen. Daher können sie als heilige Wesen betrachtet werden, die einen Zustand erreicht haben, den auch wir erreichen wollen. Es ist ein gutes Gefühl – ein Trost und eine Inspiration –, zu erkennen, dass ein höher entwickeltes Wesen an Ihrer Seite ist, das Sie leiten kann.

Ein Führer mag keine offensichtliche Verbindung mit irgendetwas in Ihrem Leben haben, doch ist er da und in der jeweiligen Form aus einem sehr guten Grund, über den es sich nachzudenken lohnt. Sie können zum Beispiel einen buddhistischen Führer haben, selbst wenn Sie sich nicht als Buddhist bezeichnen. Aber vielleicht fühlen Sie sich zum Buddhismus hingezogen, zu der Stille und Heiterkeit, die den Buddha auszeichnet, und empfinden auf diese Weise viel größeren Frieden, wenn Sie mit Ihrem Führer Kontakt haben. Oder auch nicht.

Hier ist ein Beispiel, das ich selbst miterlebt habe.

Ein Mitglied eines Kreises, ein ziemlich ruppiger, schlecht gelaunter Mann, versuchte, seinen geistigen Führer zu finden, was ihm jedoch große Schwierigkeiten bereitete.

»Immer kommt diese Frau daher, doch sie ist mir irgendwie nicht ganz geheuer«, meinte er zu seinem Lehrer. »Sie ist wie eine dieser katholischen Nonnen gekleidet.«

»Vielleicht ist sie tatsächlich Ihr Führer«, erwiderte der Lehrer. »Es kann durchaus eine Nonne sein.«

»Aber das ist völlig unmöglich!«, rief der Mann aus. »Ich bin kein Katholik!«

Aufgrund seiner Erziehung hatte er eine negative Einstellung zur katholischen Kirche und brauchte zwei Jahre, um seinen Führer – die Nonne – zu akzeptieren. Auf diese Weise kann ein Geistführer wichtige Lektionen in Ihrem Leben widerspiegeln.

Wie Sie Ihren Geistführer kennenlernen können

Falls Sie mehr über Ihren Geistführer erfahren möchten: Hier ist eine Meditation, die ich zuerst auf meiner CD Gordon Smith *Developing Mediumship* vorgestellt habe:

Begegnung mit Ihrem Geistführer

* Setzen Sie sich entspannt hin.
* Machen Sie es sich bequem, und erlauben Sie Ihrem Körper, ruhig und still zu werden.
* Schließen Sie die Augen.

- Achten Sie zunächst nur auf Ihren Atem. Atmen Sie tief durch die Nase ein, und ziehen Sie die Luft tief in Ihren Körper hinein, während Sie an Entspannung denken.
- Dann machen Sie sich bewusst, wie der Atem durch Ihren Körper vibriert, tief in Ihre Lungen hinein.
- Folgen Sie der pulsierenden Empfindung, und spüren Sie bei jedem Atemzug, wie sich Ihre Lungen bewegen und Ihren ganzen Körper mit Energie versorgen.
- Konzentrieren Sie sich ausschließlich auf den Rhythmus Ihres Körpers.
- Spüren Sie, wie schwer Ihr Körper wird.
- Während Ihr Körper immer schwerer wird und Sie sich dessen immer bewusster werden, achten Sie darauf, wie die Schwingung in und um Ihren Körper herum in gleich bleibendem Tempo pulsiert, genau wie das Blut, das durch Ihren Körper fließt.
- Jetzt richten Sie langsam Ihr Augenmerk auf die Luft, die in Ihren Körper strömt, und stellen Sie sich diese Luft als etwas Weißes vor, als eine Wolke reiner weißer Energie, die sich direkt vor Ihrem Gesicht befindet.
- Atmen Sie diese weiße Energie tief in Ihren Körper ein, und sehen Sie, wie sie durch Ihren Körper gepumpt wird und ihn reinigt, während Sie die ganze Zeit entspannt bleiben.
- Bringen Sie das weiße Licht in die dunkelsten Ecken Ihrer Seele, tief nach innen, und füllen

Sie diese dunklen Stellen mit Licht und Energie. Achten Sie dabei auf die pulsierende Harmonie, die durch Ihren Körper fließt.

* Konzentrieren Sie sich darauf, wie leicht und unbeschwert dieser Rhythmus, der sich durch Ihren Körper zieht, Ihre Seele macht.
* Während Sie so ruhig dasitzen, umgeben von Licht, die Stille Ihrer Seele fühlend, empfinden Sie diesen Zustand als zunehmend angenehmer.
* Dies ist der Moment, in dem Sie Ihre geistigen Führer und Lehrer in der höheren Dimension bitten können, einen Schritt näher zu treten. Heißen Sie sie in Ihrer Seele willkommen, Ihrem beschützten Raum von weißem Licht und Stille.
* Versuchen Sie, sich irgendwelcher Veränderungen bewusst zu werden, die in Ihrem Körper oder um ihn herum stattfinden.
* Achten Sie auf jegliche Zeichen, die anzeigen, dass die Energien sich verändert haben.
* Machen Sie sich mit dem Gefühl vertraut, dass jemand aus der höheren Dimension Ihren inneren Raum betritt.
* Vielleicht fühlen Sie, wie die Schwingung um Ihren Körper herum schneller wird, oder Sie empfinden ein Gefühl von Hitze oder Kälte um Ihren Körper.
* Akzeptieren Sie, dass es sich dabei um die höheren geistigen Lehrer handelt, die die Frequenz um Sie herum verändern.
* Versuchen Sie, sich mit diesen Veränderungen vertraut zu machen. Jede Veränderung ist wie die

Visitenkarte eines anderen spirituellen Lehrers, der mit Ihnen arbeitet.

* Fühlen Sie die Eindrücke, die diese Lehrer Ihrer Seele vermitteln, wer sie sind, wann sie gelebt haben, wie sie aussehen und welche Gründe sie haben, Sie bei Ihrer Arbeit zu führen.
* Versuchen Sie, innerlich nicht zu viele Fragen zu stellen, sondern akzeptieren Sie die Eindrücke, die Ihnen gegeben werden.
* Treiben Sie sich nicht zur Eile an, um schon jetzt alles zu verstehen oder die Bedeutung des Ganzen zu erfassen. Lassen Sie sich Zeit. Genießen Sie einfach die Harmonie mit dem Geistführer, die Stille und das Licht.
* Spüren Sie, wie Ihre Seele immer höher steigt und heller wird, während Sie sich noch tiefer mit Ihrem Geistführer verbinden.
* Erlauben Sie ihnen, Sie noch höher aufsteigen zu lassen und sich auf ihre Frequenz zuzubewegen, und damit in einen Zustand erhöhter Spiritualität.
* Akzeptieren Sie, dass alles, was Ihnen zu diesem Zeitpunkt gezeigt wird, von Ihren Geistführern und aus einer viel höheren Quelle stammt.
* Und beginnen Sie zu fühlen, wie Sie sich sanft von der Schwingung der höheren geistigen Führer trennen, sich weder daran klammern noch sie festhalten, einfach nur loslassen und sich selbst erlauben, durch das Licht zurück nach unten zu gehen, das Licht wieder zu Ihrem Körper zu ziehen, zurück in das Zentrum Ihres Wesens.

* Und wenn Sie sich von diesem Licht in Ihrem physischen Sein erfüllt fühlen, schicken Sie ein Dankeschön an diesen geistigen Lehrer, der Ihnen erlaubt hat, in seiner Präsenz zu weilen, und Ihnen die Eindrücke und Lehren seines Lebens für Ihren eigenen Lebensweg weitergegeben hat.
* Indem Sie jetzt schön tief atmen, die Luft tief in Ihre Lungen ziehen und Ihren Fokus immer mehr auf das Hier und Jetzt richten, erkennen Sie, dass Ihr physischer Körper bequem und entspannt dasitzt.
* Fokussieren Sie sich immer mehr, und werden Sie sich zunehmend des Hier und Jetzt bewusst. Spüren Sie, dass Ihr Körper still dasitzt und Ihr Bewusstsein sich immer mehr in diesem Wachzustand der physischen Realität wiederfindet.
* Und wenn Sie sich bereit fühlen, nehmen Sie einen weiteren tiefen Atemzug und öffnen die Augen.

Bestätigung

Es kann schwierig sein, die Existenz einiger dieser geistigen Führer zu verifizieren, daher ist es weise, nach irgendeiner Form von Bestätigung zu suchen. Als mein Führer sich mir zum ersten Mal zeigte, bat ich ihn tatsächlich, mir dies zu bestätigen. Ich hatte bereits einige Jahre lang um Zeichen von meinem Geistführer gebeten, bis er schließlich zu der Überzeugung gelangte, dass ich bereit war, seine Präsenz zu akzeptieren.

Am nächsten Abend ging ich in eine der Kirchen

in Glasgow, um einer Vorführung von Hellsichtigkeit beizuwohnen, die das großartige Medium Albert Best gab. Wie üblich war Albert in Bestform und lieferte den vielen Menschen in der brechend vollen Kirche brillante Beweise für das Leben nach dem Tod. Plötzlich hielt er einen Moment lang inne und sagte: »Ganz hinten in der Kirche steht ein junger Mann.« Er zeigte auf mich und fuhr fort: »Ich habe eine Botschaft für Sie von jemandem in der Geistwelt.« Ein paar Sekunden schwieg er, bevor er sagte: »Moment mal, ich sage anderen nie etwas über ihre Führer!«

Albert protestierte einen Moment, bevor er nachgab und mir die Botschaft übermittelte. Es war eine der kürzesten Botschaften, die je von der Geistwelt kamen, doch war sie meine erste kurze Bestätigung von Chi. Am Ende der kurzen Mitteilung erwähnte Albert, dass der Geistführer es gestatten würde, für mich gezeichnet zu werden. Damals konnte ich mir kein Bild davon machen, wie das gehen sollte, und so ging ich schnell darüber hinweg.

Fünf Tage später wurde ich einer Frau vorgestellt, die sich Dronma nannte. Sie war Buddhistin, und ihr tibetischer Lehrer hatte ihr diesen Namen gegeben. Kurz nach meiner ersten Begegnung mit dieser außergewöhnlichen Frau sagte sie mir, dass sie sehen konnte, wie mein Gesicht sich veränderte, und dass ich immer mehr wie ein alter chinesischer Mann aussah. Ich erzählte ihr nichts über meinen Geistführer und erlaubte ihr, mir eine lebhafte Beschreibung zu geben. Mittendrin fragte sie mich, ob sie zeichnen dürfte, was sie soeben gesehen hatte. Natürlich gab ich meine Zustimmung.

Und was soll ich sagen? Ihre Zeichnung stellte einen sehr chinesisch aussehenden Führer dar, den ich erst kurz zuvor zum ersten Mal gesehen hatte und der mir so akkurat von Albert beschrieben worden war. Ich muss hinzufügen, dass ich vor meiner Begegnung mit Dronma nicht wusste, dass sie Malerin und Hellseherin war. Tatsächlich hatte ich sie durch einen meiner älteren Brüder kennengelernt, der überhaupt kein Interesse an medialen Fähigkeiten hatte.

Was ich soeben beschrieben habe, mag vielleicht nicht wie ein konkreter Beweis aussehen, doch für jemanden wie Chi, der vor so langer Zeit gelebt hat und dessen Leben nicht dokumentiert ist, war dies der aussagekräftigste Beweis, den ich bekommen konnte.

Im Laufe der Zeit habe ich von der Existenz anderer Führer und geistiger Lehrer erfahren, die Chi mir vorstellte, und diese konnte ich anhand ihrer Erwähnung in Geschichtsbüchern und Nachschlagewerken verifizieren. Es ist wichtig, nach Möglichkeit alle Beweise zu überprüfen, die von jenen gegeben werden, die vorgeben, Ihre geistigen Führer oder Helfer zu sein. Dadurch werden Sie zusätzliches Vertrauen in diese Wesenheiten und ihre Übermittlung spiritueller Informationen gewinnen.

Unmittelbar bevor Chi sich mir zu erkennen gab, merkte ich, dass ich zunehmend verwirrter wurde. Ich stellte so viele Fragen, wartete jedoch nicht die Antworten ab, weil meine natürlichen hellseherischen Fähigkeiten ohne richtige Führung oder Instruktion wie wild arbeiteten. Ich hatte alle möglichen außersinnlichen Visionen und dabei die verschiedensten Formen archetypischer Figuren gesehen und jede einzelne gefragt, ob sie mein geistiger Führer sei. Ich fühlte mich bereit, einem Führer oder Lehrer zu begegnen und die nächsten Schritte zu machen. Ein Teil von mir fühlte sich, als könnte ich diese ganze Sache mit der Entwicklung im Eiltempo hinter mich bringen.

Chi jedoch erinnerte mich an etwas, was ich während meiner drei Jahre des Meditierens in der Gruppe nicht bemerkt hatte: Er war von Anfang an bei mir gewesen. Wie konnte ich das übersehen haben? Wie war es möglich, dass ich seine – wenn Sie so wollen – Visitenkarte nicht bekommen hatte? Dann erinnerte ich mich an die Gefühle, die ich empfangen und weggeschoben hatte – das Gefühl, einen feinen, dünnen Bart zu haben, ein wallendes Gewand zu tragen und eine Art Tai-Chi auszuführen. Die ganze Zeit hatte mein Führer versucht, Kontakt mit mir aufzunehmen, doch ich hatte beharrlich in eine andere Richtung geschaut. Manchmal scheinen wir vor lauter Bäumen den Wald einfach nicht zu sehen!

Also versuchen Sie bitte auf jegliches Gefühl zu

achten, das während der Meditation um Ihren physischen Körper herum auftaucht. Zu Beginn mag es trivial oder zufällig sein, doch wenn sich das gleiche Gefühl immer wieder meldet, ist es das Zeichen einer geistigen Wesenheit, das auf Ihr physisches Wesen projiziert wird, um von Ihnen erkannt zu werden – ein Spirit, der sozusagen seine Visitenkarte hinterlässt.

Umfassendes spirituelles Bewusstsein

Mein Fehler war, dass ich meiner Sensitivität Grenzen gesetzt hatte: Ich hatte geglaubt, dass ich die geistige Welt sehen musste, und nie war mir der Gedanke gekommen, dass ich fähig sein könnte, sie zu fühlen. Eines der Hauptziele für jedes potentielle Medium besteht darin, sich innerlich auszudehnen und ein umfassendes spirituelles Bewusstsein zu erlangen.

Seither haben die Wesen in der Geistwelt mich gelehrt, dass sie alle meine Sinne benutzen werden, wenn ich offen dafür bin. Daher bin ich heute in der Lage, das Geistwesen, das versucht, den Kontakt mit mir herzustellen oder mit mir zu kommunizieren, beinahe umfassend wahrzunehmen. Also erinnern Sie sich daran, dass Sie irgendwann die tatsächliche Visitenkarte Ihres geistigen Führers durch alle Ihre Sinne erkennen werden.

Am Anfang empfinden Sie die Energie des Geistwesens vielleicht als sehr intensiv. Im Laufe Ihrer Entwicklung wird sich Ihre Schwingung jedoch darauf einstimmen und erlauben, dass die Verbindung zwischen Ihnen und dem Führer immer sanfter wird. Es ist ungefähr so, als würde man neue Lederschuhe einlaufen. Zuerst mag es unbequem sein oder sich irgendwie beengend anfühlen, doch nach einiger Zeit ist es so angenehm, dass wir vergessen, dass wir sie tragen!

Bevor ich also heute in irgendeiner Weise als Medium tätig werde, warte ich, bis ich diese Wahrnehmungen von Chi oder anderen mir bekannten Spirits spüre, die sich mir nähern und mir das Zeichen geben, mit der Arbeit zu beginnen oder aufzuhören. Wie immer die Instruktionen lauten, ich tue mein Bestes, um sie zu befolgen, denn ich weiß, dass meine geistigen Führer mich nie im Stich lassen. Solange ich ihre Visitenkarte spüre, weiß ich, dass sie bei mir sind und es daher sicher ist, fortzufahren. Wenn ich keine Wahrnehmung spüre, die ich einordnen kann, arbeite ich nicht. So einfach ist das. Die Arbeit als Medium erfordert eine beiderseitige Verbindung, und ich würde gar nicht erst den Versuch unternehmen, ohne die Gegenwart meines Führers eine Session zu geben. Ohne eine geistige Präsenz wäre es nicht mehr als ein einfaches Reading.

Arbeiten mit Ihrem Führer

Ihr geistiger Führer wird sich anfangs ziemlich oft zeigen, doch während Sie Ihre eigene Verbindung mit Spirit weiterentwickeln, tritt er allmählich immer mehr in den Hintergrund. Ich habe nach wie vor Kontakt mit Chi, doch in diesen Tagen erscheint er selten, es sei denn, ich mache ein Reading. Er tendiert dazu, sich außerhalb von Readings und Sessions nur dann zu zeigen, wenn ich etwas Neues lernen muss, und vor allem, wenn ich mich nicht um meine anstehenden Lebens- und Geisteslektionen kümmere.

Vergessen Sie nicht, dass Ihr Führer da ist, um Ihnen zu helfen, und nicht, um alles für Sie zu erledigen. Im Herzen entwickeln Sie Ihre eigene Beziehung mit Spirit, und Ihre geistigen Führer sind hier, um Ihnen in jeder ihnen möglichen Weise zu helfen, diese Verbindung aufzubauen und zu erhalten. Letzten Endes versuchen diese Wesenheiten, Sie dem Spirit in Ihrem Inneren nahezubringen – das ist die einzige Lehre, die sie uns wirklich geben können.

Leider kann es passieren, dass Menschen sich beinahe neurotisch an Geistführern festklammern. Das ist nicht gesund. Wir sollten uns nie auf diese Weise von einem anderen Wesen abhängig machen, egal ob Mensch oder Spirit. Führer sind da, um uns die Richtung zu zeigen und uns auf unserem Weg beizustehen, das ist alles. Ich weise die Leute immer an, sich nicht an sie zu klammern.

Traurigerweise kursieren in Entwicklungskreisen die wildesten Behauptungen über abstruse Führer mit schillernden Persönlichkeiten, königlichen Gewändern oder auffallendem Kopfputz. Einige von ihnen haben nicht einmal menschliche Gestalt. Ich kannte zum Beispiel eine Frau, die glaubte, dass ihr

Führer ein Walross sei, und bevor sie mit irgendeiner spirituellen Arbeit begann, plusterte sie sich auf, um sich dann auf den Boden fallen zu lassen und herumzukriechen. Eine andere Frau hatte einen Bückling als geistigen Führer! Bevor sie den Leuten Botschaften übermittelte, wurde sie sehr still, und ihr Mund öffnete und schloss sich wie ein Fisch, bis sie das Gefühl hatte, dass der Bückling bereit war, mit ihr zu arbeiten, woraufhin sie die Botschaften mit ihrer eigenen Stimme weitergab.

Ich würde Ihnen raten, sich nicht in derlei Eskapaden zu verwickeln. Es ist wirklich äußerst ungesund! Betrachten Sie Ihre Verbindung zu Ihren geistigen Führern als etwas ganz Normales, und behandeln Sie sie mit Respekt. Machen Sie kein Spiel daraus. Lernen Sie, die Zeichen Ihres persönlichen Führers zu kennen und zu würdigen.

Darüber hinaus sollten Sie nicht vergessen, dass die Wesen auf der anderen Seite in Wahrheit reine Energie sind, nicht Menschen mit physischem Körper, selbst wenn sie Ihnen von Zeit zu Zeit als solche erscheinen. Sie werden in der Form zu Ihnen kommen, die Ihr Verstand akzeptieren kann. Wenn Sie also etwas Fremdartiges oder Skurriles sehen, sagt Ihnen das vielleicht etwas über Ihren eigenen Geisteszustand. Auf Ihrer spirituellen Reise kommt alles zu Ihnen zurück und agiert als Spiegel für Ihre eigene Verfassung.

Einfachheit ist der Schlüssel

Einfachheit ist das Gebot des Tages, wenn wir diesen Punkt unserer Reise erreicht haben; ansonsten wird alles viel zu verwirrend. Menschen können schnell irregeleitet werde. Manche werden bald zu ihren eigenen Geistführern. Sie fangen sogar an, sich entsprechend zu kleiden. Ich hatte einmal ein sehr irritierendes Gespräch mit einem männlichen Medium, das mir sagte: »Meine Frau war echt schockiert, als ich ihr sagte, dass mein indianischer Geistführer mir das Steuer aus der Hand nehmen und selbst fahren wollte.« Glauben Sie mir, ich war genauso schockiert!

Wenn Ihnen so etwas widerfährt, sollten Sie spazieren gehen, die Fenster putzen, den Garten umgraben etc., um sich zu erden. Und lassen Sie um alles in der Welt keinen Geistführer ans Steuer!

Und es gibt noch etwas, was Menschen manchmal tun, und zwar erfinden sie Führer oder Helfer, nur damit sie zu denen gehören, die einen direkten Draht zum Jenseits haben. Falls Sie so etwas versuchen, täuschen Sie sich nur selbst. Ich habe in meinem Kreis drei Jahre gewartet, bevor mein Führer sich mir zeigte, doch das Warten hat sich zweifellos gelohnt.

Ich hatte häufig Diskussionen mit Personen in den Anfangsstadien ihrer Entwicklung, die behaupteten, mehr als einen Führer zu haben – manchmal sogar wesentlich mehr. Manche Menschen sammeln sie regelrecht – sie sind nicht zufrieden mit einem, es muss ein ganzes Team sein. Dann ein Stamm … Doch damit machen Sie sich nur den Kopf schwer. Vergessen Sie nicht, bei der spirituellen Reise geht es darum, die Dinge einfacher zu machen, nicht komplizierter.

Im Laufe Ihrer Arbeit als Medium, während Sie wachsen und neue Lebenslektionen lernen müssen, werden Sie möglicherweise unterschiedliche Geistführer kennenlernen. Außerdem kann es sein, dass Ihnen mithilfe Ihres Führers verschiedene Präsenzen und Persönlichkeiten gezeigt werden. Viele Führer auf einmal zu haben wird oft nur verwirrend sein; aus diesem Grund ist es wesentlich wahrscheinlicher, dass Sie nur einen haben. Es ist sehr wichtig, den Unterschied zu erkennen zwischen Ihrem Führer und jemandem, der einfach nur durchkommt, um eine Botschaft zu übermitteln.

Wenn Sie irgendwann zu Beginn Ihrer spirituellen Entwicklung das Gefühl haben, dass eine ganze Gruppe von Führern zu Ihnen gekommen ist, würde ich Ihnen raten, sich mit Spirit als Ganzem zu verbinden, statt nach einem Führer zu suchen und zu warten, bis Spirit Ihnen zeigt, wer Ihr Führer ist. Gehen Sie wieder an den Ausgangspunkt. Verfolgen Sie Ihre Schritte zurück. Eine Präsenz wird stärker durchkommen als irgendeine andere.

Ein weiterer Punkt, auf den Sie achten müssen, ist die Frage, warum Sie alle diese Führer brauchen. Handelt es sich bei ihnen um Aspekte Ihres eigenen Wesens? Die Antwort auf diese Frage kann Ihnen viel über Ihre Denkweise verraten.

Also erinnern Sie sich: Sie sollten sie nicht erfinden, nicht zu viele von ihnen um sich haben und sie nicht ans Steuer lassen.

Viele Führer, viele Lektionen

Dennoch ist es auch mir zuweilen passiert, dass ich mehr als einen geistigen Führer hatte. Jeder von ihnen war da, um mir eine bestimmte Lektion zu vermitteln, und verschwand, sobald ich verstanden hatte, was er mich lehren wollte. Das kann Ihnen auch passieren. Wenn es zum Beispiel nötig ist, dass Sie sich intensiver auf Ihre Arbeit einlassen, könnte es sein, dass Ihnen jemand hilft, der ein Leben voller Hingabe an eine Aufgabe geführt hat: vielleicht eine Nonne oder ein Mönch.

Jeder neue Helfer, der erschien, um mir zu helfen, hatte eine Visitenkarte, die sich von der meines ursprünglichen Führers unterschied, doch jedes Mal nahm ich als Erstes Chi wahr. Genau wie er mir bei unserer ersten Begegnung versprochen hatte, blieb er stets mein erster geistiger Führer.

Als ich die verschiedenen Spirits zu erkennen begann, die kamen, um mit mir zu arbeiten, bemerkte ich gleichzeitig Veränderungen in mir selbst. Chi zum Beispiel schien immer dann zu erscheinen, wenn ich dringend Balance in meinem Leben brauchte. In solchen Momenten stellte er mir einen Geisthelfer mit einem anderen Naturell vor, der mich wiederum inspirierte, neue Dinge aus seiner bestimmten Disziplin zu lernen. Chi beispielsweise lehrte mich stets, disziplinierter und gelassener in meinem Leben zu werden. Der nächste Helfer, den er mitbrachte, lehrte mich Hingabe, eine Widerspiegelung des Lebens dieser bestimmten Person hier auf der Erde.

Indem ich diese Veränderungen in mir annahm, veränderte sich auch meine Arbeit als Medium und verlagerte sich auf eine wesentlich tiefere Ebene. Endlich lernte ich loszulassen, und je mehr ich loslassen und vertrauen konnte, desto klarer wurden die Dinge. Jeder neue Geistlehrer, den Chi mir vorstellte, gab seine eigene Lehre weiter – diese Lehren handelten von ihnen selbst oder von der Arbeit als Medium, aber in vielen Fällen hatten sie auch mit mir persönlich zu tun und damit, wie ich als Mensch wachsen konnte – und währenddessen wurde meine Verbindung mit der geistigen Welt immer stärker. Indem ich mir der Geistwesen stärker bewusst wurde, lernte ich, ihnen und den Botschaften zu vertrauen, die sie mir übermittelten.

Lassen Sie die Verbindung wachsen … auf sanfte Weise

Dies ist ein sehr aufregendes Stadium der spirituellen Entwicklung, in dem Sie sich wie ein spirituelles Kind fühlen, das zum ersten Mal die Augen aufschlägt. Plötzlich sehen Sie die Pracht eines wunderschönen neuen Landes, das vor Ihnen liegt, voller majestätischer Orte, die nur darauf warten, entdeckt zu werden. Wenn Sie diesen Punkt erreichen, wird es Sie an Ihre frühesten Anfänge erinnern und daran, wie aufgeregt Sie waren. Außer dass Ihr Bewusstsein jetzt geweckt wurde und Ihre materiellen Gedanken weniger geworden sind, weil Ihr Wissen und Ihr Verständnis der Welt des Geistes, von der Sie nun so sehr ein Teil sind, größer geworden sind. Je mehr Klarheit Ihre Seele erlangt, desto deutlicher wird Ihnen bewusst, dass es noch so viel mehr gibt, was Sie wissen und tun möchten.

Und was das Wichtigste ist, Ihr Kontakt mit Spirit wird Ihnen Energie verleihen und sie anfeuern. Sie werden umgehend ein allumfassendes Gefühl des Wohlbefindens und der Sicherheit spüren. Dadurch, dass ich mit dieser Energie verbunden bin, ist es für mich extrem wichtig geworden, sie an andere weiterzugeben. Der Enthusiasmus und der Wunsch, anderen die gleiche Art von Wohlgefühl zu verschaffen, ist für sich genommen schon ein unglaublich positives Gefühl. Wenn die Botschaften auch wichtig sind, so glaube ich, dass jedes Medium letzten Endes diese Verbindung suchen sollte, damit Sie nicht nur verstehen, was und mit wem Sie arbeiten, sondern auch in der Lage sind, dies durch die Botschaften, die Sie empfangen, anderen Menschen effektiv zu vermitteln.

An dieser Stelle möchte ich Ihnen noch einmal eindringlich raten, in dieser Zeit besonders geduldig zu sein. Wenn es Ihre Aufgabe ist, für Spirit zu arbeiten und Ihre Geschenke mit der Welt zu teilen, werden Sie der Erste sein, der es herausfindet. Selbst wenn Sie die besten Absichten der Welt haben, sollten Sie nicht herumlaufen und versuchen, Menschen zu heilen, ihnen Botschaften ihrer verstorbenen Verwandten in der geistigen Welt zu geben oder irgendeine großartige, neu entdeckte spirituelle Philosophie herauszuposaunen. Tun Sie es doch, werden Sie den Eindruck erwecken, so etwas wie ein Extremist zu sein, und andere Menschen werden Ihren Enthusiasmus nicht verstehen. Im Gegenteil, manch einer könnte denken, Sie hätten den Verstand verloren.

Die Welt ist nicht bereit für Möchtegernmedien, die auf Knopfdruck ungeschliffene außersinnliche oder ähnliche Fähigkeiten zur Schau stellen, und das alles im Namen der »Spiritualität«. Geben Sie der Verbindung, die sie eingegangen sind, Zeit zu wachsen, und warten Sie auf Ihre nächste Instruktion. Im Laufe der Zeit werden Sie lernen, dass die Arbeit als Medium viel Geduld erfordert und nicht »schwärmerische« Begeisterung. Sie sind ein Instrument, durch das Informationen weitergegeben werden, das ist alles. Also entspannen Sie sich, üben Sie sich in Geduld und vertrauen Sie darauf, dass Ihnen gesagt wird, wann die Zeit gekommen ist, Ihre Arbeit in die Welt hinauszutragen.

6. *Vertrauen*

»Am wahrhaftigsten leben wir,
wenn wir in Träumen wach sind.«
Henry David Thoreau

Vertrauen – etwas, das ich in diesem Buch nicht genug betonen kann – ist Ihre nächste wertvolle Lektion. Sobald Sie beginnen, eine Verbindung mit den höchsten Ebenen des Geistes herzustellen, müssen Sie sich bemühen, gemeinsam eine Brücke des Vertrauens zu errichten. Stellen Sie den Geistwesen so viele Fragen, wie Ihnen auf der Seele liegen; wenn nötig, bitten Sie um mehr Führung oder Klarheit. Wenn Ihre Verbindung wirklich funktioniert, werden diese Wesenheiten immer versuchen, Sie von ihrer Authentizität zu überzeugen. Und nur wenn Sie damit zufrieden sind, sollten Sie den nächsten Schritt in Ihrer medialen Entwicklung tun.

Die Sprache des Geistes

An diesem Punkt Ihrer Entwicklung müsste die Verbindung, die Sie herstellen können, dafür sorgen, dass Sie die Gefühle stärker spüren, die von der Gegenwart des geistigen Führers zeugen. Sie befinden sich jetzt auf einer wesentlich intuitiveren Ebene des Verstehens, die uns befähigt, Emotionen in einem Ausmaß zu fühlen, das uns tiefer in unser Inneres trägt. Das ist der Ort, an dem wir lernen müssen, in höchstem Maße zu vertrauen, indem wir uns daran erinnern, dass sich die Sprache des Geistes in Gedanken und Gefühlen ausdrückt – eine telepathische Sprache, die Sie mittlerweile wahrscheinlich ganz natürlich zu verstehen beginnen.

Wir vernehmen die Sprache des Geistes nicht durch unsere fünf physischen Sinne, sondern durch unsere Gefühle und Empfindungen. Es mag eine Weile dauern, diese andere Art des Hörens zu perfektionieren. Bis zu diesem Punkt wird sich der Großteil der Kommunikation in Ihrer Imagination abgespielt haben, ähnlich wie Tagträume, die Sie interpretieren mussten. Die Arbeit auf dieser neuen Ebene der Gefühle und Empfindungen schafft nicht nur eine neue Lebendigkeit und Intensität, sondern eine völlig neue Realität. Jetzt wird die geistige Welt real. Sind Sie bereit für diese Erfahrung?

Wenn Sie auf Ihrem Weg bis hierhergekommen sind, ist es wahrscheinlich, dass Sie vorbereitet sind und diese Realität mit Leichtigkeit annehmen können. Jede Art wahrer medialer Tätigkeit erfordert jedoch, dass das Medium großes Vertrauen zeigt, wenn es darum geht, seinen eigenen inneren Raum zur Verfügung zu stellen und einem höheren Wesen zu erlauben, ihn zu betreten. Der Grad, bis zu dem Sie Ihren Raum loslassen können, bestimmt, wie viel davon Sie der Kontrolle des Geistes überlassen werden.

Ich habe schon immer gesagt, dass jeder Mensch

eine Verbindung mit Spirit finden kann, doch gibt es ebenso viele unterschiedliche Möglichkeiten wie Verbindungen. Man könnte es mit einer Kunstklasse vergleichen. Manche der Schüler haben ein angeborenes Talent zum Malen, während andere sich mehr zur Bildhauerei oder zum Zeichnen hingezogen fühlen. Ähnlich verhält es sich mit den verschiedenen Möglichkeiten medialer Tätigkeit.

Verschiedene Arten von Medien

Die meisten Menschen nehmen an, dass Medien nur da sind, um auf einer Bühne Botschaften von Personen auf der anderen Seite weiterzugeben, doch in Wahrheit umfasst diese Arbeit einen viel größeren Bereich. Wie ich bereits erwähnt habe, wird nicht jeder, der eine entsprechende Ausbildung absolviert, irgendwann auf einer Bühne stehen; tatsächlich habe ich mich zunächst als Heiler ausbilden lassen, bevor mich Mrs Primrose veranlasste, öffentlich als Medium zu arbeiten.

Während Sie im Laufe Ihrer Entwicklung immer mehr Erfahrung in der Arbeit mit Spirit sammeln und nach und nach eine Affinität zu einem oder mehreren Bereichen spüren, werden Sie feststellen, dass Sie zu einer spezialisierten Aufgabe tendieren.

Heilen

Die erste und wichtigste Aufgabe ist Heilen. Damit meine ich hier das Verändern von Energien, um Schmerzen zu nehmen oder einem Menschen zu helfen, sein inneres Gleichgewicht wiederzufinden. Jedoch schließt jeder Aspekt der Arbeit mit Spirit auf irgendeine Weise Heilung ein.

Mentale Medien

Die zweite Aufgabe ist mentale mediale Arbeit. Dies ist die Form, die am meisten mit öffentlichen Vorführungen und privaten Readings assoziiert wird und zu der die Übermittlung geistiger Botschaften an einzelne Personen gehört.

Trance-Medien

Trance-Medien sind Personen, deren Körper während ihrer Arbeit mit Spirit »überschattet« und dann von Geistwesen kontrolliert wird, um Botschaften zu übermitteln.

Physische Medien

Die Arbeit der Trance-Medien ist eng mit der der physischen Medien verwandt; Spirits kontrollieren den Körper des Mediums und rufen physische Phänomene hervor, beispielsweise Apporte, Objekte, die scheinbar aus dem Nichts auftauchen, oder

Transfigurationen, wobei ein Spirit die Erscheinung des Mediums bis zu einem gewissen Grad derart verändert, dass es aussieht wie das Wesen zu Lebzeiten. Auch Materialisation gehört dazu, wobei eine Ektoplasma genannte Substanz aus dem Körper eines in Trance befindlichen Mediums austritt und dem Geistwesen die Möglichkeit gibt, die Gestalt des Mediums oder eine andere menschliche Form anzunehmen. Sowohl Transfiguration als auch Materialisation sind heutzutage sehr selten.

Lehren

Und schließlich kann es sein, dass Sie ein ausgezeichneter Lehrer werden und andere über die Welt des Geistes sowie über ihr eigenes Wesen lehren. Es ist wichtig, sich daran zu erinnern, dass jede Lehre, die Sie von Spirit erhalten, Ihrem jeweiligen Entwicklungsstand entspricht: Ein Universitätsprofessor der Physik wird nicht den Versuch unternehmen, Schulkinder zu unterrichten!

Mit dem Wissen über diese Ebenen können Sie beginnen, herauszufinden, wo Ihre Talente liegen und in welchem Bereich Sie von Spirit aufgerufen werden, zum Wohle anderer tätig zu werden. Wenn Sie sich der physischen Welt so bewusst wie möglich bleiben möchten, dann reicht »Überschattung« aus, so wie es oft bei hellseherisch und hellhörig begabten Medien der Fall ist. Sollten Sie jedoch in höherem Maße in der Lage sein, loszulassen und zu vertrauen, werden Sie in einen sicheren Trancezustand geführt.

Wie gehen wir also tiefer? Wie geben wir Spirit die beste Chance, mit uns optimal zu arbeiten? Die einfache, aber elegante Antwort ist: indem wir mehr vertrauen. Schaffen Sie mehr Raum. Jeder von uns wird dies auf seine eigene Weise tun.

Wenn Sie in der Lage gewesen sind, durch alle Wachstumsschmerzen der spirituellen Kindheit bis hierher zu gelangen, wäre jetzt der richtige Zeitpunkt für den Versuch, die Arbeit mit Ihren spirituellen Gaben zu üben. Allein die Tatsache, dass Sie es bis hierher geschafft haben, sagt etwas Besonderes über Sie aus. Während Sie weiterhin jede Woche Ihren Entwicklungskreis aufsuchen, werden Sie jetzt üben müssen, den Spirits die Gelegenheit zu geben, ihre Geschenke durch Sie jenen zu bringen, die sie am meisten brauchen.

7. Überschatten

»Wie kann es Schatten geben,
wenn es kein Licht gibt?«
Gordon Smith

Ich bin fest davon überzeugt, dass alle Medien, die für die höhere geistige Ebene arbeiten, während des Prozesses in irgendeiner Weise von Geistwesen »überschattet« werden. Man kann davon ausgehen, dass die Nähe der Kontrolle des Spirit zu dem Medium die Kraft und Intensität desselben bestimmt. Überschatten bestimmt die Intensität und Klarheit der Kommunikation, die von der anderen Seite durchkommt.

Loslassen und Einschalten

An früherer Stelle in diesem Buch habe ich über Loslassen gesprochen, darüber, ein bestimmtes Maß an Bewusstsein aufzugeben, damit das Geistwesen, das mit Ihnen arbeitet, mehr Kontrolle über Ihre Seele gewinnen und stärker über Ihre Fähigkeiten verfügen kann. Bei allen von mir demonstrierten Formen medialer Arbeit habe ich bewusst einen Teil meines Selbst losgelassen, um Raum zu machen für den geistigen Führer, mit dem ich zusammenarbeitete. Das ist der Verbindungspunkt, an dem das Medium sich einschaltet.

Wenn Sie lernen, zuzulassen, von Beginn Ihrer Entwicklung an von Spirit überschattet zu werden, haben Sie das Fundament für alles geschaffen, was Sie in Zukunft tun werden. Ob Sie sich nun in Richtung tiefe Trancearbeit weiterentwickeln oder auf den mentalen Ebenen medialer Arbeit bleiben – wie beispielsweise Hellsehen oder geistiges Heilen –, wird davon abhängen, wie weit Sie loslassen. Es ist der Unterschied zwischen intensiver, spezialisierter Tätigkeit als Medium und einfacher psychischer Intuition, basierend auf Gedankenlesen und ähnlichen Ratespielen.

Überschatten ist das eine wahre Element, das ein Medium von einem rein intuitiven Menschen unterscheidet. Allein schon aus diesem Grund muss es bis ins Kleinste entwickelt werden, wenn Sie als Medium praktizieren wollen.

Wenn wir am Anfang lernen, uns mit Spirit zu verbinden und zu erkennen beginnen, dass wir von geistigen Führern oder Wesenheiten auf der anderen Seite kontrolliert werden, glauben wir oft, dass das schon alles ist. Tatsächlich ist es aber erst der Anfang. Diese Gefühle des Verbindens sollten auf die gleiche Weise verstanden werden wie die Gefühle, die wir jedes Mal erleben, wenn wir unsere medialen Fähigkeiten zum Einsatz bringen.

Wenn Sie in Zukunft jemals das Gefühl haben, als hätten Sie sich in Ihrer Arbeit verloren, rufen Sie sich den Moment in Erinnerung zurück, als Sie zum ersten Mal eine Verbindung mit Spirit aufgenommen haben – jenen ersten Augenblick des Überschattens.

Dann werden Sie nicht nur Ihre Richtung wiederfinden, sondern auch wissen, dass es Spirit ist, der die Arbeit macht und Sie als Channel benutzt. Viel zu viele Medien vergessen diesen überaus wichtigen Unterschied.

Der Grad der Überschattung hängt möglicherweise von den Verhältnissen des Mediums, dem Klienten oder dem Ort der Demonstration ab. Sie kann in eine echte tiefe Trance übergehen.

Trance

Eine Trance unterscheidet sich sichtlich von einer Überschattung. Der vielleicht wichtigste Unterschied besteht darin, dass eine Trance heute wesentlich seltener vorkommt, zum Teil aufgrund der dafür notwendigen Anstrengungen. Eine Trance erfordert einen wesentlich höheren Grad an Hingabe als die mentale Arbeit eines Mediums.

Für jemanden, der gerade erst mit seiner Entwicklung beginnt, liegt die Arbeit als Trance-Medium in weiter Ferne. Bitte vergessen Sie diese Tatsache nicht, und zollen Sie ihr den nötigen Respekt. Die für diese fortgeschrittene Channelling-Methode nötige Disziplin erfordert viele, viele Jahre der Entwicklung und spezialisierten Vorbereitung, ganz zu schweigen von einer außerordentlichen Geduld. Das liegt in erster Linie daran, dass jedes Mitglied eines Entwicklungskreises alle seine individuellen Ängste und diesbezüglichen Zweifel überwinden muss. Und fast jeder hat diese Ängste und Zweifel, wenn er zum ersten Mal Zeuge eines solch veränderten Bewusstseinszustands wird. Glauben Sie mir, wenn die Energie sich zu verändern scheint, sobald ein Medium in Trance fällt, kann dies eine beängstigende Erfahrung sein und anders als alles, was Sie bisher in Ihrem alltäglichen Leben kennengelernt haben. Also müssen Sie sich daran gewöhnen, und das wird Zeit brauchen.

»Probe«-Trancen

Im Laufe Ihrer Entwicklung werden Sie vielleicht kurze Episoden von Trancezuständen erfahren, vor allem, wenn Sie gelernt haben, in dem Maße loszulassen, um überschattet werden zu können. Doch sollten Sie nicht vergessen, dass solche Ereignisse am Anfang Ihrer Ausbildung nicht mehr sind als eine Ahnung dessen, wie es in der Praxis tatsächlich aussieht. Spirit wird es bei jedem Mitglied des Kreises versuchen und jeden testen, um ein Gefühl dafür zu bekommen, wie weit jeder Schüler zu reisen bereit ist.

Was mich betrifft, so bin ich häufig in immer tiefere Zustände des Überschattetseins versetzt worden, bevor mir schließlich erlaubt wurde, in eine echte Trance zu fallen. Selbst dann waren die Trancezustände von extrem kurzer Dauer! Zunächst erhaschte ich nur einen flüchtigen Blick darauf, wie ich vielleicht benutzt werden könnte, sollte ich die Fähigkeit an den Tag legen, in diesem Zustand seelisch und physisch keine Probleme zu haben und mich wohlzufühlen. Als ich später anfing, meine mediale Arbeit auf dieser Ebene fortzuführen, hatte ich meinen Geist seit ungefähr vier Jahren trainiert. Es erübrigt sich zu sagen, dass ich mich immer noch in einem embryonalen Zustand befand.

Viele Menschen verwechseln am Anfang Überschatten mit tiefer Trance. Ich glaube mich erinnern zu können, dass ich ungefähr fünf Jahre lang auf der »zweiten Stufe« verharrte und in der Gruppe meine Verbindung mit der Geistwelt aufbaute, bevor Spirit auch nur den Versuch machte, mich in diesen fortgeschrittenen Zustand zu bringen. Auch Sie werden in Ihrer Entwicklung vielleicht willkürlich viele unterschiedliche Stufen der Trance oder Überschattung erfahren. Damit soll nicht gesagt werden, dass Sie für diese bestimmte Art der Arbeit vorgesehen sind. Nehmen Sie alles so, wie es kommt, und nur wenn sich Erfahrungen wiederholen und ein Zufall weitgehend ausgeschlossen werden kann, dürfen Sie erwarten, in diese Richtung geführt zu werden.

Als ich das erste Mal diese Erfahrung machte, hoffte und glaubte ich natürlich, dass es mir von jetzt an immer so gehen würde. Dem war jedoch nicht so. Mindestens sechs Monate lang erlebte ich keine Trance mehr, was mich wieder einmal lehrte, nie davon auszugehen, dass – nur weil Spirit beschließt, Sie einmal für eine bestimmte Art des Kontakts zu benutzen – es notwendigerweise die Art sein wird, wie er mit Ihnen in Zukunft arbeiten möchte.

Mittlerweile ist klar, dass es Jahre der spirituellen

Entwicklung braucht, um ein perfektes Trance-Medium zu werden. Meine Lehrerin war 15 Jahre lang Mitglied eines Kreises, bevor ihr erlaubt wurde, auf diese Weise zu arbeiten, und sie verlor nie die Geduld. In der Zwischenzeit entwickelte sie ihre Fähigkeiten als mentales Medium und spirituelle Heilerin. Zu meinem Glück brauchte ich nur siebeneinhalb Jahre, um die gleiche Stufe zu erreichen. Das sagt nicht so viel über mich aus, sondern mehr über meine begnadete Lehrerin, die genau wusste, wie sie meine Entwicklung fördern und mich bei der Stange halten konnte.

Überschattung versus Trance

Es gibt einen deutlichen Unterschied zwischen Loslassen, um in Trance zu fallen, und offen zu sein für Überschattung, der hier näher definiert werden soll.

Egal wie weit fortgeschritten der Zustand der Überschattung sein mag, das Medium wird sich jederzeit seiner physischen Sinne bewusst sein.

Im Zustand der Trance kann es erforderlich sein, dass das Medium jegliche Kontrolle über sein physisches Vehikel abgibt und seinem Bewusstsein erlaubt, vorübergehend abgeschaltet zu sein. Das ist so ähnlich, als würde man in ein freiwilliges Koma gehen. Ich sage »freiwillig«, weil das Medium über Jahre hinweg in seinem Kreis Vertrauen zu Spirit aufgebaut hat, bevor eine solche Situation jemals eintrifft. Und der Betreffende wird, wie in meinem

Fall, wieder und wieder geübt haben, bevor die tatsächliche Tranceverbindung perfektioniert ist.

Eine »schnelle Kur«

So wie ich es sehe, sind echte Trance-Medien heute eine große Seltenheit. Ich glaube, das liegt an mehreren Faktoren, aber hauptsächlich daran, dass die meisten Menschen, die sich heutzutage für die Arbeit als Medium interessieren, wenig Geduld und Hingabe zeigen, die nötig sind, um bei der Arbeit mit der Geistwelt einen solch hohen Standard zu erreichen. So traurig es auch ist, aber die meisten Menschen ziehen eine Entwicklung im Eiltempo vor in der Hoffnung, dass sie dies schnell auf die Bühne der Öffentlichkeit katapultieren wird, statt sich auf lange Sicht zu verpflichten. Und es dauert nie lange, bevor die Betreffenden vollkommen aus dem Gleichgewicht geraten.

Das erinnert mich an eine Lieblingsgeschichte von mir, die ich bereits in einem meiner früheren Bücher erwähnt habe *MEDIUM: Mein Kontakt mit dem Jenseits*. Die Geschichte spielt in den 1960er-Jahren in Glasgow und handelt von einer Frau, die ich hier Joan nennen möchte.

Joan ging eines Tages mit mir in eine spiritualistische Kirche, da sie sich für das Thema interessierte und das Gefühl hatte, selbst eine gewisse außersinnliche Begabung zu besitzen. Sie war ziemlich überrascht, als sie gleich beim ersten Mal durch das anwesende Medium eine Botschaft empfing. Das

Medium teilte ihr mit, sie habe tatsächlich außersinnliche Fähigkeiten und sollte lernen, ihr Talent in einem Entwicklungskreis zu entfalten. Später nannte das Medium ihr den Namen und die Adresse einer Frau, zu der sie gehen sollte, um ihre Gabe zu entwickeln.

Joan suchte die Frau am darauffolgenden Donnerstagabend auf. Als sie vor der Tür des Hauses stand, war sie etwas unsicher und besorgt, doch schließlich klopfte sie an. Im nächsten Augenblick öffnete sich die Tür, und vor ihr stand eine sehr zerbrechlich aussehende ältere Dame. Joan dachte, dies müsse das Medium sein, bei dem sie lernen würde. Aber die kleine alte Dame erklärte ihr, sie sei nur da, um Tee für die Leute zu kochen, die in der Gruppe zusammensaßen. Sie brachte Joan in das Wohnzimmer des Hauses. Dort saßen ungefähr zehn Personen im Kreis, und es gab einen leeren Stuhl, zu dem Joan von einer sehr großen Frau von rundlicher Gestalt geführt wurde, die ausrief: »Ah, Sie müssen Joan sein! Kommen Sie, und setzen Sie sich neben mich. Wenn wir alle so weit sind, werden wir mit der Meditation beginnen.«

Joan nahm Platz und fragte sich: »Wie meditiert man bloß?« Niemand erklärte ihr, was sie tun musste, und sie traute sich nicht zu fragen, also schloss sie einfach die Augen und dachte darüber nach, was sie in der nächsten halben Stunde tun konnte.

Schließlich rief die beleibte Dame neben ihr mit lauter Stimme aus: »Hört auf zu meditieren und sagt mir, was ihr in eurer Meditation gesehen habt!«

Joan wurde panisch, da sie nur an Dinge gedacht hatte, die sie zu Hause tun musste, doch als sie den Unsinn hörte, den die anderen von sich gaben, beschloss sie, es ihnen gleichzutun, und erzählte, dass sie auf einer spirituellen Reise gewesen sei.

»Joan, sagen Sie mir, was mit Ihnen jetzt gerade passiert ist«, verlangte die dicke Frau zu wissen.

»Ich habe einen indianischen Gentleman gesehen, der ein Gewand mit vielen Federn trug«, log Joan.

»Ein Indianer in Federn! Nun, ich erwarte in Zukunft große Dinge von Ihnen«, tönte die dicke Frau.

Dann erklärte sie der Gruppe, dass sie sich jetzt in eine tiefe Trance begeben würde und jeder unbedingt mucksmäuschenstill sein müsse, da sie verletzt oder sogar getötet werden könnte, sollte irgendein Mitglied der Gruppe sich rühren oder einen Ton von sich geben.

Joan saß da, wagte kaum zu atmen und beobachtete, wie die dicke Frau sich zu winden und zu schütteln begann. Aufgrund der komischen Laute, die sie von sich gab, konnte man meinen, sie hätte einen Anfall. Dann sprang sie ohne Warnung auf, streckte ihre Arme aus und begann, in einer sehr unnatürlichen tiefen Stimme zu reden.

»Ich grüße euch, Erdlinge! Ich komme vom Planeten Uranus und bin hier, um euch Ratschläge für den Umgang mit eurem Planeten zu geben.«

Joan glaubte aus allen Wolken zu fallen. Im gleichen Moment wurde dieses Juwel der Trance-Philosophie unterbrochen, weil sich langsam die Tür öffnete. Einen Moment lang fürchtete sich Joan vor dem, was da vielleicht hereinkommen würde, doch es war nur die alte Dame, die den Tee zubereitete und der dicken Frau in Trance keinerlei Beachtung schenkte. Stattdessen ging sie herum und fragte jeden Teilnehmer, was er gerne auf seinem Sandwich hätte. Joan sah zu, wie sie sich langsam durch die Gruppe bewegte, bis sie hinter dem fülligen Medium stand und flüsterte: »Was möchten Sie gerne auf Ihrem Sandwich, Schinken oder Käse?«

Schnell wie ein Blitz drehte die dicke Frau ihren Kopf herum, unterbrach kurz ihre Trance und rief laut: »Schinken!«

Mehr ist dazu wirklich nicht zu sagen. In Wahrheit ist so etwas völlig unmöglich. Ein Trancezustand kann nicht so ohne Weiteres unterbrochen und dann wieder aufgenommen werden – der Grad der dafür notwendigen Entspannung ist nicht etwas, was man einfach ein- und ausschalten kann. Selbst nach vielen Jahren empfinden Medien es oft als ermüdend, so gründlich zu channeln, wie es im Trancezustand der Fall ist.

Physische Medien

Physische Medien trifft man heute äußerst selten an, im Gegensatz zu den frühen Zeiten des Spiritualismus, als die Materialisation von Spirits in Séance-Räumen die Aufmerksamkeit vieler bedeutender Köpfe jener Zeit weckte.

Diese Art medialer Arbeit kann nur nach einer

sehr langen Entwicklungszeit und nur mit einer ungeheuren Hingabe an diese Aufgabe erreicht werden. Die Wirkung auf den physischen Körper des Mediums ist enorm, und nur ein völlig selbstloses Individuum, großzügig im Geist und Herzen, vermag zu gestatten, dass sein Körper, seine Seele und sein Geist in dieser Weise benutzt werden. Das Phänomen selbst ist in den letzten 40 Jahren immer seltener geworden, und noch weniger Medien sind bereit, sich einem solch langwierigen Training zu unterziehen.

Ich selbst habe diese Ausbildung nicht gemacht, im Gegensatz zu einigen anderen Mitgliedern meines Kreises. Mrs Primrose, meine erste spirituelle Lehrerin, und das wunderbare Medium Albert Best haben mir beide von ihren Erfahrungen in frühen Entwicklungskreisen erzählt. Beide waren Zeugen der Materialisation von Geistwesen durch das berühmte Medium Helen Duncan und andere, und beide stimmten überein, dass es sich dabei um ein Phänomen jener Zeit handelte, hervorgerufen von der Macht der Emotionen während des Zweiten Weltkrieges, als Menschen en masse ums Leben kamen.

Selbst in jenen extremen Zeiten wurde physisches Medientum als etwas sehr Seltenes betrachtet und erforderte große Hingabe. Obwohl weder Mrs Primrose noch Albert diese Fähigkeit entwickelten, saßen sie beide in Kreisen, wo Materialisationen stattfanden, und sie erzählten mir, wie diszipliniert man sein musste, um diesen Kreisen beitreten zu können, und wie strikt und anstrengend sie waren auf eine Weise, die sich moderne Menschen nicht vorstellen können. Damals wurde von jedem Mitglied erwartet, jede Woche zum selben Zeitpunkt zu erscheinen und seinen Platz einzunehmen, ohne auch nur daran zu denken, jemals zu spät oder gar nicht zu kommen. Derlei Unterbrechungen wurden als völlig inakzeptabel betrachtet und konnten dazu führen, dass Mitglieder ihren wertvollen Platz in diesen Gruppen verloren.

Ich würde Ihnen empfehlen, jegliche Gedanken daran, eventuell ein physisches Medium zu werden, in den Hintergrund zu schieben. Ich weiß aus langjähriger Erfahrung, dass natürliche physische Medien tatsächlich eine absolute Rarität sind, und selbst in der Vergangenheit, als es aufgrund des öfter anzutreffenden Phänomens mehr Lehrer gab, nahm eine adäquate Entwicklung viele Jahre in Anspruch.

In jedem Fall freue ich mich sagen zu können, dass sich heute die mediale Arbeit bezüglich des Ortes und der Verfügbarkeit auf eine andere Ebene verlagert und die verdunkelten Séance-Räume gegen hell erleuchtete Kirchen, Rathaussäle, Theater und sogar große Sportstadien eingetauscht hat. Tatsächlich haben wir heute den Abgrund von geheimnisvollen Vorgängen zu einem gemeinsam geteilten Erleben überbrückt. Mentales Medientum und Heilung haben dazu geführt, dass die Mehrzahl der Menschen heute die Botschaft hört, dass es völlig unmöglich ist, zu sterben, ob man will oder nicht. Doch obwohl sich die Art, wie die Existenz von Spirit demonstriert wird, verändert hat, sollte Hingabe nach wie vor der wichtigste Aspekt bei der Entwicklung medialer Fähigkeiten sein.

8. Die Praxis

»Mit dem Erkennen des eigenen Potentials und mit Selbstvertrauen in die eigenen Fähigkeiten können wir eine bessere Welt errichten.«

Dalai Lama

Wie jeder Kurs, den wir im Leben eingeschlagen haben, gibt es nichts Großartigeres, als das Gelernte in die Praxis umzusetzen. Und wenn Sie bereit sind, werden Sie wahrscheinlich zusätzlich zu Ihrem Entwicklungskreis einer Übungsgruppe beitreten.

Das ist in etwa so, als würde man von der Grundschule aufs Gymnasium überwechseln. Wenn Sie vielleicht auch das Gefühl haben, schon sehr weit gekommen zu sein, und dies in mehrfacher Hinsicht auch zutrifft, werden Sie feststellen, dass Sie irgendwie wieder am Anfang stehen. So ist das mit der spirituellen Entwicklung; Wachstum ist konstant, und manchmal hat es den Anschein, als sei ein Ende nicht abzusehen. Doch die Erlaubnis zu haben, irgendeine Art von medialer Arbeit auszuüben, scheint ihre eigenen Belohnungen und Freuden mit sich zu bringen.

Heilen

Irgendwann verließ ich den Kreis und wurde Mitglied einer Heilungsgruppe. Wenn ich auch nach wie vor jeden Donnerstagabend zum Kreis erschien, hatte mich Mrs Primrose aufgefordert, jeden Dienstag an einer Heilungsgruppe teilzunehmen. Während dieser Zeit merkte ich immer stärker, dass ich begann, auf meinem Weg wirklich zuversichtlich zu sein und mich wohlzufühlen. Keine Fragen mehr, keine Forderung nach Beweisen aus der Geistwelt. Und endlich wurde mir tatsächlich erlaubt, mein spirituelles Heiltalent auszuüben. Und was noch besser war, ich hatte nicht selbst um diese Erlaubnis gebeten. Vielmehr war meine Lehrerin in ihrer Weisheit mit der Idee an mich herangetreten und hatte mich ermutigt.

Als ich viele Jahre zuvor die ersten Schritte auf meinem Weg gemacht hatte, war es mein größter Wunsch gewesen, ein Medium zu sein, auf der Bühne zu stehen und Menschen Botschaften von ihren Lieben in der Geistwelt zu übermitteln. Mir war nicht ein einziges Mal der Gedanke gekommen, ich könnte vielleicht Heilungen durchführen. Und dennoch, meine Zeit in der Heilungsgruppe war eine der besten Perioden meiner Entwicklung. Ich konnte es nie erwarten, bis endlich Dienstagabend war. Wenn ich mich recht erinnere, habe ich in den ganzen fünf Jahren mit dieser Gruppe nur eine einzige Session verpasst.

Außerdem glaube ich, dass ich von meiner Heilungspraxis mehr gelernt habe als von jedem anderen Aspekt meiner Entwicklung zum Medium. Bis ich mit dem Heilen begann, war ich immer noch wie ein bedürftiges Kind, das Aufmerksamkeit suchte. Doch in der Gruppe begann ich, mich auf andere

Menschen zu fokussieren und Mitgefühl zu entwickeln. Auf diese besondere Zeit in meiner Entwicklung blicke ich mit der größten Freude zurück, die Zeit, in der ich mich am zufriedensten gefühlt habe. Ich bin sicher, dass Ihnen jeder, der sich mit Heilung beschäftigt, dasselbe sagen wird. Sie ist eines der kostbarsten Geschenke der geistigen Welt, die es gibt. Die Erleichterung und Erbauung zu sehen, die Sie einem Menschen, der leidet, verschaffen können, ist etwas absolut Wunderbares.

Als Heiler in Ausbildung hatte ich die Gelegenheit, mit einem der erfahrensten Mitglieder der Gruppe zu arbeiten, dessen Job es war, mir alles zu zeigen, was man mit diesem Geschenk tun und nicht tun sollte. Ich weiß, dass ich von Anfang an mit Herz und Seele bei der Sache war und jede Gelegenheit willkommen hieß, anderen etwas zu geben.

Wie die meisten Geschenke des Geistes ist auch Heilung für die, die sie channeln, etwas Natürliches; daher ist das Beste, was ein Lehrer tun kann, dem Schüler die Freiheit zu gewähren, seine eigenen Fähigkeiten in diesem Bereich auszudrücken, wobei er sozusagen die Rolle eines Aufsehers innehat. Glücklicherweise ging mein Heilungslehrer genau so vor, und schon nach kurzer Zeit arbeitete ich allein. Meine Begeisterung und mein Eifer waren so groß, dass ich jeden auf Anhieb heilen wollte, der zu mir gebracht wurde.

Heilung in Abwesenheit

Die erste Lektion, die ich bezüglich Heilung lernte, handelte von der Heilung in Abwesenheit. Das heißt, der Heilungssuchende ist nicht anwesend, und man fokussiert stattdessen die Gedanken und Gebete auf ihn. Ich hatte das große Glück, mit dieser Art des Heilens einige wunderbare Erfolge zu erzielen.

Eines Abends nahm ich gerade eine Heilung in Abwesenheit an meinem Vater vor, der sein ganzes Leben lang stark unter Arthritis und Asbestose gelitten hatte. Ich stellte mir vor, wie ich in seinem Zimmer war, und zwar so intensiv, dass ich seine Stimme hören und meine eigenen Hände sehen konnte, die sich wie Licht über seinen Körper bewegten. Plötzlich befand ich mich schlagartig wieder in meinem Zimmer und dachte: »Was ist passiert?« Im nächsten Moment rief mein Vater an und sagte: »Ich habe gerade geträumt, dass du neben mir gestanden und deine Hände über mir hin- und herbewegt hast!« Später fügte er noch hinzu, dass er nach dem Aufwachen aus dem Traum wieder in einen so tiefen und erholsamen Schlaf gefallen war wie seit Jahren nicht mehr.

Wenn Sie versuchen wollen, jemanden in Abwesenheit zu heilen, finden Sie eine Meditation auf meiner CD *Gordon Smith – The Healing Power of Mediumship*, mit deren Hilfe Sie Heilungsenergie channeln und anderen Personen senden können, egal ob die Betreffenden in der Nähe sind oder weit weg.

Heilung bei Abwesenheit

- Als Erstes setzen Sie sich mit geradem Rücken hin und entspannen sich.
- Schließen Sie Ihre Augen.
- Beginnen Sie, ruhig und tief durch die Nase zu atmen; füllen Sie Ihren Bauch mit Luft, und lassen Sie alle Anspannungen, alle Ängste und Sorgen los, die sich vielleicht in oder um Ihren Körper herum befinden.
- Achten Sie auf Ihre Atmung, und sorgen Sie dafür, dass sie gleichmäßig und tief ist.
- Folgen Sie beim Einatmen der Luft durch Ihre Nase hinunter in Ihren Solarplexus bis in das Zentrum Ihres Wesens.
- Hier visualisieren Sie einen klar geschliffenen Diamanten, der sich im Uhrzeigersinn dreht.
- Folgen Sie dem Atem hinunter zu diesem Diamanten, und lassen Sie ihn sich gleichmäßig im Uhrzeigersinn drehen.
- Machen Sie sich bewusst, wie entspannt und geerdet Ihr Körper jetzt ist.
- Bitten Sie die anwesenden höheren Geistwesen, in Ihren Raum zu kommen.
- Achten Sie auf eine feinere Schwingung um Ihren Körper herum.
- Spüren Sie die Schwingung Ihrer Seele, wie sie mit denen der höheren Dimension verschmilzt.
- Und bitten Sie die Spirits, Ihnen das klare, reine Licht zu leihen, damit Sie es jedem schicken können, von dem Sie wissen, dass er in dieser Welt leidet.

* Indem Sie Ihr Scheitelzentrum öffnen, akzeptieren Sie, als Channel für Heilung benutzt zu werden. Bitten Sie die geistigen Wesen, ein reines, klares Spirit-Licht mitten in den Kern Ihres Wesens zu schicken, wo sich der Diamant langsam im Uhrzeigersinn dreht.
* Fühlen Sie, wie Sie von diesem reinen, klaren Licht erfüllt werden.
* Und visualisieren Sie jemanden, von dem Sie wissen, dass er in diesem Moment krank ist oder leidet.
* Versuchen Sie, sich ganz auf den Betreffenden zu fokussieren, um seine Krankheit oder Angst zu sehen, um zu sehen, was ihn in diesem Leben zurückhält.
* Und senden Sie einen Lichtstrahl von dem Diamanten in Ihrem innersten Wesen aus.
* Schicken Sie dem Betreffenden dieses Licht, und hüllen Sie ihn in die heilende Kraft des Geistes ein.
* Sehen Sie den Betreffenden, wie er in diesem Licht badet, und lassen Sie das Licht direkt mitten in sein Problem strahlen.
* Halten Sie diesen Fokus so lange aufrecht, wie Sie es für nötig erachten.
* Und dann rufen Sie das Licht langsam in Ihr eigenes Zentrum zurück; fühlen Sie diese klare spirituelle Energie, wie sie zu Ihnen zurückfließt, weg von dem Diamanten in Ihrem innersten Wesen, hinauf zu Ihrem Scheitel und von dort zurück ins Universum.

* Schließen Sie Ihr Scheitelzentrum.
* Fühlen Sie, wie sich der Diamant in Ihrem Innersten auflöst, und machen Sie sich bewusst, dass sich die von Ihnen vorgenommene Heilung auch auf Sie selbst ausgewirkt hat.
* Ruhen Sie in sich selbst.
* Machen Sie sich bewusst, dass das, worum Sie gebeten haben, getan wurde.
* Und konzentrieren Sie sich langsam wieder auf Ihren Atem. Atmen Sie ruhig und entspannt; lassen Sie die Luft in Ihren Körper fließen, und fokussieren Sie sich mehr auf das Hier und Jetzt.
* Und mit jedem Einatmen werden Sie wacher.
* Und erkennen, wo Sie sich befinden.
* Und erkennen den Raum, in dem Sie mit der Meditation begonnen haben.
* Und wenn Sie bereit sind, öffnen Sie die Augen.

Andere zu heilen wird Ihnen große Befriedigung bringen. Es zeigt Ihnen, dass Dinge wieder gut gemacht werden können. Wo Zweifel und Dunkelheit herrschen, können Sie Licht und Hoffnung verbreiten. Sie können beinahe so etwas wie ein emotionaler Lebensretter werden, der Menschen aus ihren Flutwellen oder Unterströmungen herauszieht.

Selbstschutz

Doch sollten Sie sich selbst schützen, wenn Sie als emotionaler Lebensretter agieren – springen Sie nicht einfach ins kalte Wasser, sonst könnten auch

Sie weggeschwemmt werden. Es kann passieren, dass Sie so sehr mit dem Leiden eines Menschen mitfühlen, dass Sie die Symptome seiner Erkrankung annehmen und sie auch nach der Heilung mit sich herumschleppen. Ich selbst bin mehr als einmal mit Angina oder akuten Knieproblemen zum Arzt gegangen, obwohl mir eigentlich nichts fehlte. Aber ich hatte eine Frau geheilt, die Angina hatte, und das arthritische Knie meines Vaters. Wenn Sie nicht aufpassen, können Sie wie ein Schwamm werden, der die Verletzungen und Schmerzen anderer Menschen aufsaugt – und manchmal hilft das nicht einmal dem Patienten, so groß kann das Bedürfnis des Heilers sein, das Leiden des anderen auf sich zu nehmen. Also vergessen Sie nicht, es ist nicht Ihr Schmerz: Sie sind da, um die Energien des Patienten ins Gleichgewicht zu bringen und zu klären.

Auch hier müssen Sie darauf achten, sich zu öffnen, Ihre Arbeit zu verrichten und sich dann wieder zu schließen. Manche Medien führen nach dem Heilen Reinigungsrituale durch. Finden Sie heraus, was für Sie am besten ist. Ich persönlich bitte Spirit, zu kommen und zu helfen, und anschließend bedanke ich mich bei ihm. Früher habe ich das Ganze dramatischer gestaltet, doch damit habe ich aufgehört. Das hatte mehr mit mir als mit Spirit zu tun!

Außersinnliches Bewusstsein durch Heilung entwickeln

Oft geschieht es durch das Heilen eines anderen oder einfach nur aus dem Wunsch, jemanden zu heilen, dass wir eine spirituelle Verbindung mit dem Betreffenden entwickeln und in der Lage sind, uns auf das einzustimmen, was in seinem Leben passiert. Ich ging früher bei Heilungen so tief, dass ich anfing, mich auf die Geistwesen um den Patienten einzustimmen. Da meine Lehrerin mich angewiesen hatte, Patienten niemals hellsichtige Botschaften zu übermitteln oder Diagnosen zu stellen, konnte ich nie herausfinden, ob die Eindrücke, die ich auffing, richtig oder falsch waren. Trotz meines Eifers ist mir heute klar, dass meine Lehrerin recht hatte. Selbst wenn das, was ich empfing, zutraf, so war ich doch zu unerfahren, solche Botschaften der Öffentlichkeit weiterzugeben. Schließlich hatte ich erst vier Jahr vorher mit meiner Entwicklung begonnen.

Aber es ist verblüffend, was Sie von jemandem aufschnappen können, ohne dass ein einziges Wort fällt. Häufig ist es nicht nur die Krankheit, unter der ein Patient leidet, sondern auch ein Verlust, den er vor Jahren erlitten hat. Weil ich diese Zusammenhänge spüren konnte, war ich in der Lage, Mitgefühl für die Betreffenden zu entwickeln. Heilung stellte sich als eine ideale Disziplin für mich heraus.

Ich selbst habe Entwicklungskreise geleitet und dabei festgestellt, dass man außersinnliche Wahrnehmung am besten dadurch entwickeln kann, dass man ein Ziel hat: das Ziel, anderen zu helfen. Denn ansonsten kann der ganze Vorgang zu willkürlich werden, mit Voraussagen und allen möglichen Arten außersinnlicher Phänomene, die alle auf einmal geschehen und sehr verwirrend sein können. Daher ist es gut, eine gewisse Struktur zu haben, ein Wissen darum, wie Sie Ihre Verbindung zu Spirit herstellen und gestalten können – und vor allem die Intention dahinter.

Und erinnern Sie sich: Was immer Gutes für die Geistwelt getan wird, wird getan und dann vergessen. Auf diese Weise währt die Verbindung ewig. Es ist nicht gut, an den jeweiligen Ereignissen festzuhalten. Je besser wir lernen, loszulassen, desto besser kommt Spirit durch.

Hingabe

In allen Bereichen spiritueller Entwicklung – ob in einem Kreis, einer Gruppe für hellseherische und andere Praktiken oder in einer Heilungssession – ist es der Grad Ihrer Hingabe, der entscheiden kann, wie geschickt Sie werden. Einsatz und Hingabe gehören zu den wichtigsten Faktoren Ihrer spirituellen Arbeit.

Einer der alten Heiler, John Keenan, nahm mich früher oft beiseite und vermittelte mir kleine goldene Weisheiten, die er durch seine große Erfahrung und die vielen Jahre der Arbeit mit hilfsbedürftigen Menschen gewonnen hatte. Besonders erinnere ich mich an eine Sache, die er mir immer wieder sagte: »Was du investierst, wirst du zurückbekommen.« Ich bin überzeugt, dass er recht hatte.

Ich schätze mich glücklich, von solch hingebungsvollen Menschen wie John, Albert, Mrs Primrose und vielen anderen geführt worden zu sein, die so viel Energie und Einsatz in ihre Arbeit mit Spirit investiert haben.

Die Pioniere

In der modernen Spiritualistenbewegung reden die Menschen oft darüber, wie gut die Medien und Heiler vergangener Tage verglichen mit den heutigen waren. Damals drehte sich die Welt langsamer, und die Menschen waren nicht so vielen Ablenkungen ausgesetzt. Medien und Heiler gingen wirklich mit Hingabe ans Werk. Sie arbeiteten unermüdlich daran, den Spiritualismus dahin zu bringen, wo er heute steht. Als Resultat des wertvollen Fundaments, das jene frühen Pioniere in jahrelanger Arbeit errichtet haben, sind Medien jetzt in der glücklichen Lage, in richtigen Kirchen und Zentren zu arbeiten. Ich selbst habe meine frühen Heilungen an einem dieser Orte vorgenommen – einer kleinen spiritualistischen Kirche in Glasgow.

Ihrerseits von hingebungsvollen Vertretern jener vergangenen Generation unterrichtet, vermittelten unsere Lehrer uns ihr Wissen und die Weisheit, die sie zu einer Zeit gewonnen hatten, als Medien wie Helen Duncan Séancen in Privathäusern abhielten, um den Seelen zu erlauben, sich voll und ganz für ihre Hinterbliebenen zu materialisieren, und wo große Heiler im Namen des Geistes alle Arten von Krankheiten heilten.

Falls Sie sich im Laufe Ihrer Reise noch nicht mit den vergangenen Vertretern des Spiritualismus beschäftigt haben, wäre jetzt der richtige Zeitpunkt gekommen, damit zu beginnen. Vielleicht werden Sie sich von jenen, die uns vorausgegangen sind, inspiriert fühlen oder zumindest ein wenig Verständnis für das Niveau gewinnen, das sie für Ihre eigene spirituelle Arbeit anstreben sollten. Doch was immer Sie tun, versuchen Sie nicht, diese Personen zu imitieren. Sie hatten ihre Talente, und Sie haben Ihre eigenen. Lesen Sie stattdessen einfach ihre Geschichte, und versuchen Sie, das wertzuschätzen, was sie durchgemacht und wie viel sie letzten Endes erreicht haben. In vielen esoterischen Buchläden finden Sie Bücher über solch große Pioniere wie Ena Twigg, D. D. Home, Arthur Findlay, Helen Duncan und Albert Best.

Innehalten und Reflektieren

Auf dieser besonderen Reise fällt es einem sehr schwer, sich nicht übermäßig für die Arbeit oder die Entwicklung, die man durchläuft, oder all die wundervollen Dinge, die man lernt, zu begeistern. Doch so wie bei einem Kind, das von der Grundschule aufs Gymnasium versetzt wird, kommt irgendwann der Zeitpunkt, an dem es gilt, erwachsen zu werden. Und während Sie beginnen, irgendeine der spirituellen Gaben einzusetzen, müssen Sie parallel dazu Takt, Diskretion, Demut, Bescheidenheit und Würde entwickeln und sich daran gewöhnen, Ihren gesunden Menschenverstand sowie Ihr Gespür für angemessenes Verhalten zu benutzen. Alle diese Eigenschaften sind von entscheidender Bedeutung, bevor Sie anfangen, mit Ihren Gaben an die Öffentlichkeit zu treten.

Wenn Sie auf Ihrem spirituellen Weg an diesem Punkt angelangt sind, ist der Augenblick gekommen, eine Pause einzulegen und über die letzten Jahre zu reflektieren.

Ein Moment der Selbsterkenntnis

Nun, da Sie sich schon eine Weile auf Ihrer spirituellen Reise befinden, blicken Sie zurück, und denken Sie darüber nach, wie Sie als Mensch gewachsen sind.

* Haben Sie weniger Angst vor dem Leben als zu der Zeit, in der Sie mit Ihrer Entwicklung begonnen haben?
* Reagieren Sie heute in schwierigen Situationen gelassener?
* Berücksichtigen Sie die Gefühle anderer Menschen heute stärker als früher?
* Machen Sie sich weniger Sorgen über die Zukunft, und sind Sie stattdessen mehr mit dem Hier und Jetzt beschäftigt?
* Sind Sie mit Ihrem Leben und mit dem, was Sie

haben, zufriedener als vor dem Beginn Ihrer spirituellen Entwicklung?

* Fühlen Sie sich mehr in Kontakt mit Ihren eigenen Emotionen?
* Wissen Sie, wie Sie in unsicheren Zeiten Ihre Seele ins Gleichgewicht bringen können?
* Denken Sie weniger ans Sterben, und sind Sie mehr mit dem Leben beschäftigt?
* Und fühlen Sie sich heute unbeschwerter?

Wenn Sie auf diese Fragen uneingeschränkt mit »Ja!« antworten, haben Sie begonnen, sich zu transformieren. Ihr Geist und Ihre Seele sind entspannter, und innerer Frieden ist etwas, was Sie erfahren können, statt nur darum zu beten. Ihr Bewusstsein dehnt sich auf die richtige Weise aus, und auch wenn das Leben hier und da noch ein paar Hindernisse für Sie auf Lager hat, so sind Sie doch bestens auf das vorbereitet, was vor Ihnen liegt.

Dritte Stufe: Es geht los!

»Und es kam der Tag, an dem das Risiko, verschlossen zu bleiben wie eine Knospe, schmerzhafter war als das Risiko, zu erblühen.«

Anaïs Nin

Wenn Sie also Ihrer Intuition gefolgt sind und sich in dem für Sie richtigen Kreis oder einer adäquaten Gruppe entwickelt haben …

Wenn Sie einen Weg der spirituellen Entwicklung eingeschlagen haben, auf dem Sie gelernt haben, Ihre latenten medialen Gaben zu erschließen …

Wenn Sie Ihre Seele und die Verwicklungen dieses Lebens erforscht haben …

Wenn Sie die dunklen Ecken Ihrer Seele ausgeräumt haben und psychologisch widerstandsfähig geworden sind …

Und wenn Sie gelernt haben, Ihrer wiedergefundenen Fähigkeit, eine Verbindung mit Spirit herzustellen, zu vertrauen …

… dann haben Sie nicht nur irgendeine Art Medaille verdient, sondern das Recht, sich zumindest Medium-in-Ausbildung zu nennen!

Auf dieser Stufe geht es darum, zu lernen, wann Sie bereit sind, Ihre Gabe anzuwenden – und wie Sie geistige Botschaften auf eine liebevolle, beglückende Weise übermitteln können, sowohl auf dem Podium als auch im Rahmen privater Readings.

9. Reality Check

»Unsere größte Angst ist nicht, dass wir unbedeutend sind – unsere größte Angst ist, dass wir über alle Maßen machtvoll sind.«
Marianne Williamson

Bevor Sie den nächsten Schritt tun, nehmen Sie sich die Zeit, innezuhalten und über das zu reflektieren, was Sie erreicht haben und wo Sie jetzt stehen. Sie haben – so hoffe ich – bereits erkannt, dass Sie zu einem stärkeren, emotional offeneren und psychologisch widerstandsfähigeren Menschen geworden sind, besser in der Lage, mit den vor Ihnen liegenden Herausforderungen umzugehen. Versuchen Sie jetzt, sich auf die Arbeit vorzubereiten, die auf Sie zukommen wird.

Schöpfen Sie Mut aus allem, was Sie gelernt haben. Dazu gehört nicht nur eine Verbindung zu den höheren geistigen Kräften, sondern Sie haben auch gelernt, sich durch Meditation und Übungen zur Selbsterkenntnis mehr auf die Welt um Sie herum und die Welt des Geistes einzustimmen. Ihr Verständnis für die menschliche Seele sollte in hohem Maße gewachsen sein, und die meisten Ängste und Zweifel, die Sie zu Beginn Ihrer spirituellen Entwicklung hatten, dürften überwunden sein. Und vor allem werden Sie viel über Liebe und Mitgefühl gelernt haben – für sich selbst und für andere.

Mittlerweile wird Ihnen wahrscheinlich klar sein, dass dies eine beschwerliche Reise ist, weil Sie – nicht viel anders als beim Militär! – voll und ganz und hundertprozentig darauf fokussiert sind, sich auf das Kommende vorzubereiten, aber eigentlich nicht genau wissen, was am Horizont auf Sie warten könnte. Tatsächlich werden Sie sich nicht sehr von dem jungen Kadetten in der Armee unterscheiden, der sich verpflichtet hat, sein Leben in den Dienst am Nächsten zu stellen, und in seinem Herzen weiß, dass er dienen und helfen will, doch oft das Gefühl hat, dass das dazugehörige Training viel zu hart ist und ihm das Letzte abverlangt. Erst wenn er sich mit den Unsicherheiten am Kriegsschauplatz konfrontiert sieht, erkennt er schließlich – und wünscht sich –, dass er so viel mehr hätte lernen können.

Die Arbeit eines Mediums kann zuweilen eine undankbare Aufgabe sein. Doch die Erlaubnis zu haben, den Verzweifelten Hoffnung zu geben und ein gebrochenes Herz zu heilen, ist ein seltenes und kostbares Privileg. Ich fühle mich zutiefst beglückt, die Gelegenheit zu haben, einen Lichtschimmer in das Leben von leidenden Menschen zu bringen, und habe dieses Geschenk nie als selbstverständlich hingenommen oder bin unachtsam oder zum Spaß damit umgegangen.

Damit soll jedoch nicht gesagt werden, dass ein Medium keinen Sinn für Humor haben kann! Tatsächlich wird mir oft gesagt, dass einer der Gründe, warum Menschen mir vielleicht gerne zuhören, damit zu tun hat, dass ich nicht mit tödlichem Ernst an meine Aufgabe herangehe. Natürlich achte und ehre ich meine Aufgabe, doch fühle ich mich nie dazu verpflichtet, ernst zu bleiben und mir kein Lächeln zu gestatten, so als würde ich einen Vortrag an der Universität halten in der Hoffnung auf eine Professur. Wenn die geistigen Wesen, die Botschaften durchgeben, von Natur aus frech und respektlos sind, dann ist es genau das, was ich weitergebe. Ich zensiere nichts, was ein bisschen lustig oder verrückt zu sein scheint.

Glauben Sie mir, die Geistwesen wissen, was sie sagen wollen, und sie wissen auch, wie es bei den beabsichtigten Empfängern ankommt. Ich persönlich habe nichts damit zu tun. Außerdem wird oft gesagt, Lachen sei die beste Medizin, und es gibt Zeiten, in denen die Wesen auf der anderen Seite wissen, dass genau das nötig ist, nicht nur für den Zuhörer, sondern vielleicht auch für alle Anwesenden, und sogar für mich!

Das Wissen, das Sie durch die Arbeit auf dem Podium gewinnen, ist genauso umfangreich und wichtig für Ihre Entwicklung wie jede andere Arbeit im Kreis, weil jede Botschaft neu ist. Wenn Sie Spirit erlauben, tätig zu werden, wird er Sie jedes Mal, und auf jeder Stufe, etwas Neues lehren.

Das gilt gleichermaßen für private Readings, wenn die Energie hier auch anders ist als bei der öffentlichen Arbeit. Private Readings zeichnen sich durch einen wesentlich ernsteren Ton aus; als Medium sind Sie mit den Bedürfnissen einer bestimmten Person beschäftigt, und das ist intensiv. Dabei gibt es selten eine »höhere« Energie, auf die Sie zurückgreifen können, dafür aber sind die Erwartungen hoch. Diese Art der Arbeit erfordert einen viel höheren Grad an Fokussiertheit, und – anders als bei der Arbeit auf der Bühne, wo Sie aufgrund der vielen Anwesenden mehr Möglichkeiten haben, eine Botschaft durchzugeben – bei persönlichen Readings ist niemand da, an den Sie sich wenden können, wenn irgendwelche Details nicht richtig durchkommen. Dann müssen Sie innerlich einfach noch mal zurückgehen und Ihren geistigen Führer um mehr Klarheit bitten.

Obwohl Sie sich zu diesem Zeitpunkt vielleicht schon auf die Arbeit mit der Geistwelt vorbereiten, sollten Sie auf jeden Fall weiter zu Ihrem Kreis oder Ihrer Gruppe gehen. Die Entwicklung ist nicht abgeschlossen, nur weil Sie begonnen haben, Ihre Fähigkeiten auszuüben. Wenn Sie jetzt Ihren Kreis verlassen würden, wäre es so, als würden Sie schon im Alter von zehn Jahren von der Schule abgehen. Bedenken Sie, wenn Sie wollen, dass die spirituelle Arbeit, der Sie in naher Zukunft nachgehen werden, eher wie ein Tagesurlaub vom College ist: eine praktische Übung, um Ihr Wissen zu erweitern, während Sie Ihre Fertigkeiten verbessern. Versuchen Sie nie zu rennen, solange Sie nicht laufen können!

10. *Private Readings*

> *»Und schon immer wusste man, dass Liebe erst in der Stunde der Trennung ihre eigene Tiefe erkennt.«*
>
> *Kahlil Gibran*

Ihre ersten Versuche, als Medium zu arbeiten – in welcher Form auch immer –, werden in der Regel eine große Erleichterung für Sie bedeuten. All die geistige Energie, die sich im Laufe Ihres frühen Trainings in Ihnen angesammelt hat, wird endlich Ausdruck finden können.

Doch haben Sie Geduld. Fühlen Sie sich nicht zur Eile getrieben. Warten Sie einfach offen und geduldig auf die Anweisungen von Spirit.

In welcher Form ein Medium mit seiner Arbeit beginnt, liegt einzig und allein an der Art, wie der Entwicklungskreis geführt wird, und der Richtung, die Spirit dem Betreffenden angibt. Das ist ein weiterer Grund, warum Vertrauen von derart großer Bedeutung ist.

Sie werden anhand der Ebene und Qualität der Botschaften, die Sie im Kreis übermitteln, wissen, wann Sie so weit sind, private Readings zu geben. Außerdem wird Ihnen Spirit wahrscheinlich gesagt haben, wann Sie dazu bereit sind.

Private Readings zu geben erfordert ein hohes Maß an Disziplin. Sie gehören zu den besten Lerninstrumenten, die angehenden Medien zur Verfügung stehen. Sie befinden sich in einer Situation, in der jemand einen Verlust erlitten hat und Sie sich auf die Person einstimmen müssen. Deswegen ist eine private Session viel intensiver als ein Kreis.

Kommunikation

Egal ob Sie als Erstes ein privates Reading geben oder auf einem Podium stehen, in beiden Fällen ist Kommunikation einer der Hauptaspekte in der Arbeit eines Mediums – indem Sie Menschen an sich ziehen und auf eine Weise auf sie eingehen, die es ihnen ermöglicht, ihren Schmerz endlich abzuladen. In der Regel haben Menschen Angst vor einem solchen Schritt, vor allem einem Fremden gegenüber, daher müssen Sie imstande sein, ihnen das Gefühl zu vermitteln, dass sie Ihnen vertrauen können.

Zu dieser Art der Kommunikation gehört es auch, nicht nur auf die Worte zu achten, die jemand sagt, sondern auch auf den Klang seiner Stimme, wie er etwas sagt. Dadurch können Sie die Emotionen hinter den Worten erkennen und mehr darüber erfahren, wie der Betreffende sich wirklich fühlt. Vergessen Sie die Worte, hören Sie auf den Klang der Stimme. Die Sprache des in Entwicklung begriffenen Mediums ist eine Sprache der Empathie, des Mitgefühls.

Außerdem müssen Sie die Menschen genau betrachten, die zu Ihnen kommen. Skeptiker werden sagen, dass Medien Personen anschauen und sich auf deren Körpersprache einstimmen. Es gibt Momente, in denen das zutrifft, weil Sie in solchen Momenten Ihre Augen genau dafür benutzen – um sich auf die Person einzustimmen. Wenn Sie lernen, Readings zu geben, sollten Sie Ihr Gegenüber genau studieren. Schauen Sie sich den Betreffenden wirklich gut an. Als Menschen sind wir gewohnt, Masken zu tragen, doch können wir über diese Masken hinaussehen, wenn wir uns die Zeit nehmen, genau hinzusehen – und vor allem, wenn wir uns die Zeit nehmen, voller Mitgefühl hinzusehen, erfüllt von dem Wunsch, zu helfen. Dann ist es sehr gut möglich, dass Sie hinter die Maske schauen und den Betreffenden aus seinem Leiden herausführen können.

Durch meine jahrelange Erfahrung habe ich gelernt, Menschen zu erkennen, die einen Verlust erlitten haben. Das hat nichts mit außersinnlichen Fähigkeiten zu tun, vielmehr ist es schlicht und ergreifend ein erlerntes Talent. Diese Menschen verhalten sich je nach Art des Verlustes unterschiedlich – ob es sich etwa um Mord oder eine lange Krankheit handelte. Bei Mord ist es oft eine eiskalte Wut, die der Betreffende selbst womöglich gar nicht erkennt; bei einer langwierigen Krankheit äußert sich dies in einer Form von erschöpfter Trauer: Der Betreffende hat der sterbenden Person so viel von seiner eigenen Energie gegeben, dass er jetzt erholungsbedürftig ist und auf einer anderen Ebene eine neue Verbindung mit der Person finden muss, die er verloren hat. Im Laufe der Zeit lernen Sie, diese Dinge zu fühlen. Es wird zunehmend leichter zu erkennen, ob jemand ein Kind verloren hat, den Partner, den Vater, die Mutter oder einen lieben Freund, allein an der Art, wie die Person den Raum betritt, um ein Reading zu bekommen.

Ihre Intention

Das Erste, worauf Sie sich fokussieren müssen, ist Ihre Intention, Ihr Wunsch, der Person zu helfen. Vergessen Sie das nie. Sie sind nicht zu Ihrem Vergnügen da, sondern für die Menschen, die zu Ihnen gekommen sind. Sie sind da, um ihnen zu helfen. Die Arbeit des Mediums ist ein Werkzeug, um die Herzen der Trauernden zu heilen. Ihre Intention sollte stets darauf gerichtet sein, Menschen aus ihrer Trauer zu erlösen – und nicht darauf, als smarter Typ zu gelten, der eine bestimmte Gabe mitbekommen hat.

Daher fragen Sie sich: »Darf ich heute dienen?« Oder: »Kann ich die Erlaubnis bekommen, diesem Menschen heute zu helfen?« Konzentrieren Sie sich auf Ihre Gefühle, und suchen Sie nach einem Zeichen.

Wenn Sie plötzlich eine Präsenz in Ihrer Nähe oder ein Gefühl der Freude wahrnehmen, fahren Sie fort, wie Sie es im Kreis tun würden. Fragen Sie: »Wer bist du?«

Sie werden ein Gespür für die Antwort bekommen, sei es durch etwas, das Sie sehen, oder durch ein Geräusch oder eine Empfindung.

Sagen Sie, was Sie fühlen. Ist es ein Mann? Eine

Frau? Ist derjenige jung? Alt? Was sagt er oder sie Ihnen? Das Wichtige bei jeder Botschaft ist, die kommunizierende Wesenheit zu identifizieren und sicherzugehen, dass sie von dem Empfänger erkannt wird.

Machen Sie nicht weiter, bevor Sie nicht wissen, wen Sie da beschreiben, egal wie üppig die Details sein mögen. Wenn Sie nicht glauben, dass die Botschaft die richtige Person erreicht, können Sie sie nicht weitergeben. Also ordnen Sie die Beweise, die Sie erhalten, dem richtigen Empfänger zu, und sorgen Sie dafür, dass sie restlos akzeptiert werden.

Sobald Ihr Klient die Person erkennt, die durchkommt, fragen Sie die Seele, warum sie gekommen ist. Was ist der Grund für ihr Erscheinen? Und dann wird die Person Ihnen die Botschaft geben. Sie können auch um mehr Details bitten, doch im Grunde genommen ist das der Ablauf.

Außerdem ist es vollkommen akzeptabel, zu fragen, ob es noch jemanden in der Geistwelt gibt, der Ihrem Klienten eine Botschaft übermitteln oder weitere Beweise für seine Existenz liefern will.

Halten Sie die Verbindung so lange wie möglich offen, damit die vollständige Botschaft übermittelt werden kann. Sollte das Wesen immer noch anwesend sein, hören Sie nicht auf! Häufig ist es nur der Zweifel, der uns aufhören lässt, und das ist ein Grund … zu vertrauen!

Vertrauen, Vertrauen, Vertrauen
Vertrauen Sie dem Prozess

Bei Ihren ersten Versuchen als Medium kann es sehr schnell passieren, dass Sie zu viel Gewicht auf die Beweise legen und sie über die Botschaft stellen, doch achten Sie bitte darauf, dass dies nicht geschieht. Ihre Aufgabe ist es, die Botschaft zu übermitteln.

Bitten Sie ebenso den Klienten nicht immer wieder um Bestätigung dessen, was Sie sagen. Mittlerweile wissen Sie, dass Sie die Verbindung mit Spirit aufnehmen können. Haben Sie Vertrauen in dieses Wissen. Akzeptieren Sie, dass es für alles, was Sie empfangen – wie bizarr auch immer! –, einen guten Grund gibt. Eine Bestätigung ist nur einmal wichtig, nämlich zu Beginn der Session, um die Seele, die durchkommen will, zu identifizieren; jeder weitere Versuch wird nur Verwirrung in das Reading bringen und Ihr Ego nähren!

Außerdem wird es für den Klienten nur schmerzhaft sein und niemandem helfen, wenn Sie ihn dazu bringen, an all die kleinen Details über die Person zu denken, die er verloren hat. Aus diesem Grund glaube ich, dass die Botschaft und die Beweise gleich wichtig sind.

Wenn Sie die Botschaft weitergeben, versuchen Sie, dies in Form von Erklärungen zu tun, statt Fragen zu stellen. Vergessen Sie nicht, dass die Art, wie Sie diese Erklärungen geben, zeigt, wie groß Ihr Vertrauen ist. Wenn Sie den Eindruck erwecken, dass

Sie wissen, was Sie tun, wird das auch dem Empfänger der Botschaften Vertrauen schenken.

Vertrauen Sie Ihrem geistigen Führer

Sie müssen jedoch nicht nur dem Prozess vertrauen, sondern auch Ihrem Geistführer. Es kann sein, dass mehrere Spirits versuchen, auf einmal durchzukommen – vielleicht versucht sogar jemand, seine Chance zu nutzen und den Geistführer zu übertönen. Das kann zu einem totalen Chaos führen, und in einem solchen Fall müssen Sie es Ihrem Geistführer überlassen, die Situation zu klären.

Darüber hinaus müssen Sie Ihrem Führer vertrauen, dass er die Beweise so schnell wie möglich durchbringt. Dazu setzen Sie am besten die Kommunikation fort und bitten um spezifische Informationen. Ich zum Beispiel sage immer: »Nenn mir ein Datum, gib mir eine Erinnerung, einen Namen.« Auf diese Weise können Sie eindeutige Fakten bekommen, die dafür sorgen, dass Ihr Klient so schnell wie möglich versteht, wer es ist, der durchkommen will. Das ist wesentlich schneller, als wenn Sie viel Zeit mit der Beschreibung des Betreffenden verbringen.

Achten Sie in jeder Situation darauf, was Sie fühlen und spüren; vertrauen Sie auf Ihre Empfindungen und handeln Sie entsprechend, egal wie eigenartig oder unverständlich die Einzelheiten sein mögen. Ich habe einmal, und das bei einer öffentlichen Vorführung, den Namen eines Aspirins für

Kinder gehört, doch als ich dies erwähnte, konnte einer der Zuhörer etwas damit anfangen: er hatte es immer seiner Tochter im Teenageralter gegeben, die hinübergegangen war.

»McMessages« – Botschaften im Schnellverfahren

In kurzer Zeit die Trauer eines Menschen zu heilen ist eine ziemliche Leistung. Sie müssen die Verzweiflung genau auf den Punkt bringen, ansprechen und den Betreffenden dazu veranlassen, dass er sie akzeptiert und sein Leben wieder aufnimmt. Das alles muss sehr schnell gehen. Also gebe ich das, was ich »McMessages« nenne. Ich habe zum Teil erstaunliche Resultate damit erzielt. Sie waren reine Magie und haben mein Vertrauen in mein Tun ungemein gestärkt.

Auch das Medium Mary Armour kennt sich mit diesen kurzen Botschaften aus. Bei einer ihrer öffentlichen Demonstrationen sah ich, wie sie auf einen Mann im hinteren Teil der Halle deutete und zu ihm sagte: »Über Ihrem Kopf sehe ich Mickey Mouse, die Zeichentrickfigur, Sir, und ich höre das Wort ›Danke‹.« Der verblüffte Mann erwiderte, dass er seinen krebskranken Neffen einen Monat vor dessen Tod nach Disneyland in Florida eingeladen hatte und dass ihm dies als Beweis genügte, um zu wissen, dass sein Neffe in der Nähe weilte.

Jeder von uns braucht von Zeit zu Zeit diese Magie. Egal wie lange Sie schon als Heiler oder Medium arbeiten, Sie werden immer wieder Augenblicke des Zweifels erleben. Es wird ein Morgen kommen, an dem Sie aufwachen und denken: »Ist das alles wirklich real?« Das ist der Zeitpunkt, an dem Sie die Magie wiederfinden müssen. Sie müssen den Kontakt mit Ihrem höheren Selbst aufnehmen. Das ist kein Grund zur Sorge – Sie haben einfach nur für einen Moment die Verbindung verloren.

»Die Juwelen der Seele«

Auch Trauer ist eine Form von abgerissener Verbindung. Es hat nichts mit Wut zu tun, sondern mit Verlust und Traurigkeit. Es hat damit zu tun, von der Person, die gestorben ist, getrennt zu sein. Erinnerungen gehören zu den Dingen, die Menschen helfen, ihre Trauer zu heilen – glückliche Erinnerungen an Zeiten, die sie mit dem Verstorbenen verbracht haben. Spirit heilt Menschen oft durch Erinnerungen. Zum Beispiel gebe ich eine Botschaft weiter wie: »Ihr Sohn sagt: ›Erinnerst du dich, als ich vier war und dies oder das passierte?‹«, und sehe, wie sich das Gesicht einer Mutter aufhellt.

Diese Erinnerungen sind das, was ich »die Juwelen der Seele« nenne, die kostbaren Edelsteine, die wir im Laufe unseres Lebens sammeln. Wir hinterlegen sie in unserer Seele und können sie jederzeit wieder hervorholen.

Vor Kurzem ist mein Vater in die Geistwelt hinübergegangen, und ich habe viel Zeit mit der Erinnerung daran verbracht, was er mir in meiner Kindheit alles beigebracht hat – einfache Dinge, etwa wie ich meine Schnürriemen binden oder meine Schulkrawatte knoten muss – und wie er mir etwas vorsang, wenn ich nicht einschlafen konnte. Es ist heilsam, sich an die Seele, die gegangen ist, auf so vielfältige Weise positiv zu erinnern, wie es Ihnen möglich ist.

Viele Menschen stellen sich unentwegt den Tod eines Menschen vor – oder, wenn sie nicht dabei waren, das, was sie glauben, was passierte, als derjenige starb –, um sich zu quälen, statt sich an das Leben jener Person zu erinnern und sich auf ihr eigenes Leben zu konzentrieren. Die Menschen sehen den Tod als Bestrafung, vor allem in der westlichen Welt, doch eigentlich ist er ein Teil des Lebens. Er ist etwas ganz Natürliches. Und wenn Sie akzeptieren, dass Sie irgendwann sterben werden, können Sie sich in der Zwischenzeit ganz auf das Leben konzentrieren. Den Tod akzeptieren zu lernen kann uns tatsächlich Glück bringen. Und Heilung – ob durch ein privates Reading oder auf irgendeine andere Weise – hat einzig und allein damit zu tun, andere Menschen glücklich zu machen.

Umgang mit emotionalem Schmerz

Manchmal wird ein Kontakt hergestellt, doch nicht mit dem lieben Verstorbenen, den der Empfänger erwartet hat. Der Grund dafür liegt oft darin, dass es emotional zu schmerzhaft für ihn wäre, würde die Seele zu diesem Zeitpunkt direkt mit ihm kommunizieren.

Außerdem kann es passieren, dass Sie zum Beispiel von einem erst kürzlich eingetretenen Todesfall hören, bei dem es sich um eine Frau handelte, aber sonst nichts. Häufig bedeutet das nicht, dass die Seele keinen Kontakt möchte, sondern es hat mehr mit dem geistigen Zustand des Empfängers zu tun. Selbst wenn derjenige denkt, er möchte eine Botschaft erhalten, kann es sein, dass er nicht bereit ist, sie zu akzeptieren, vor allem wenn der Tod erst kurze Zeit zurückliegt. Spirit wird wissen, ob der Betreffende – aus welchem Grund auch immer – nicht bereit ist, sei es aufgrund der Umstände des Verlustes oder der kurzen Zeit, die vergangen ist oder sogar, weil der Empfänger nicht in der Lage ist, sein Bewusstsein für die Möglichkeit zu öffnen, dass das Leben nach dem physischen Tod weitergeht. Manche Menschen, die für ein privates Reading kommen, haben bereits viel über die Möglichkeit des Lebens nach dem Tod nachgedacht. Andere haben es nicht getan, und es wäre ihnen gegenüber lieblos, vor allem in einer solch emotional schwierigen Zeit, ihnen Beweise dafür zu geben. Also halten die Spirits sich zurück.

Ich hatte schon Readings, bei denen die Beweise so unglaublich präzise waren, dass die Empfänger emotional geheilt wurden und ganz erleichtert gegangen sind. Andererseits hatte ich auch schon Readings, die vage und nebulös waren und bei denen so gut wie nichts aus der geistigen Welt durchkam.

Der Grund dafür mag darin liegen, dass eine Botschaft mehr Schaden als Gutes anrichten würde, wenn ein Mensch feststeckt oder verwirrt ist, sich hilflos oder verletzt fühlt. Die Menschen wissen in ihrer Trauer nicht immer, was sie wollen; sicher ist oft nur, dass sie den geliebten Menschen wiederhaben und ihn festhalten wollen. Niemand kann ihnen diese Möglichkeit geben, und manchmal können Sie auch den Kontakt mit der Seele des Verstorbenen nicht herstellen.

Wenn so etwas geschieht, ist das kein Grund für Sie, sich schlecht zu fühlen, weil Sie nicht immer alle Antworten bekommen. Übernehmen Sie keine persönliche Verantwortung dafür. Es ist nicht Ihr Fehler. Als Medium geben Sie einfach Botschaften weiter. Wenn keine Botschaft durchkommt, vor allem auf dieser Stufe Ihrer Entwicklung, liegt das selten an der Unfähigkeit, sie zu empfangen. Wenn Sie also keine Botschaft erhalten, akzeptieren Sie einfach die Möglichkeit, dass der Empfänger noch nicht bereit ist. Vertrauen Sie immer auf Spirit.

Doch egal, was auch geschieht: Bitte, bitte lernen Sie, Ihre Arbeit zu genießen. Gehen Sie mit ihr und den Menschen, die Ihre Hilfe suchen, mit großem Respekt und Freundlichkeit um, denn so will es Spirit, und vergessen Sie nicht, dass Ihr Verhalten bestimmen könnte, wie Menschen außerhalb der spiritualistischen Organisationen das wahrnehmen, was Sie tun. Nehmen Sie einfach das, was Sie geben können, und teilen Sie es ehrlich mit den Menschen, in dem Vertrauen, dass die Seelen auf der anderen Seite Sie führen.

Und was wichtiger ist als alles andere: Vergessen

Sie nie, es mit so viel Sanftmut und Liebe zu tun, wie es in Ihren Kräften steht.

Praktische Aspekte

Außer der emotionalen – und spirituellen – Seite spielen bei privaten Readings auch einige praktische Aspekte eine Rolle.

Tonbandaufzeichnungen

Viele Klienten bitten darum, die Session aufzuzeichnen, daher ist es eine gute Idee, sich ein Diktiergerät anzuschaffen. Ich persönlich habe jedoch im Laufe der Jahre festgestellt, dass die besten Readings – aus welchem Grund auch immer – jene waren, die nicht aufgezeichnet wurden. Das gilt nicht für jedes Reading, scheint jedoch ein allgemeines Prinzip zu sein, das Sie in Betracht ziehen sollten.

Heilung ist alles

Abgesehen von allen Beweisen, die Sie vielleicht geben können, geht es bei Ihrer Arbeit als Medium letztlich darum, durch diese Beweise zu heilen; zu benutzen, was Sie von Spirit empfangen, um anderen zu helfen, ihnen Trost und die Kraft zu geben, ohne die von ihnen geliebten Menschen weiterzuleben.

Ich erinnere mich sehr deutlich an ein Reading für ein Ehepaar, dessen Kind bei einem Autounfall gestorben war. Ich versicherte ihnen, dass ihr Sohn nicht länger Schmerzen hatte oder litt, als mir plötzlich klar wurde: Wenn ihr Kind auch schon lange gegangen war, lebten die Eltern immer noch in dem Moment des Unfalls. Gefangen in dem Horror, ihren Sohn verloren zu haben, fühlten sie sich unfähig, weiterzugehen. War er verletzt? Hatte er Schmerzen? Hat er immer noch Schmerzen? Die Antwort auf alle drei Fragen war ein entschiedenes »Nein«. In der geistigen Welt hat niemand einen Körper, und daher kann niemand physischen Schmerz fühlen. Es war jedoch offensichtlich, dass ihr Kind zwar keine Schmerzen hatte, aber die Eltern dafür umso mehr. Es war mir eine große Freude, ihnen die Beruhigung zu geben, die sie so sehr brauchten, um ihr Leben wieder aufnehmen zu können, frei von Schuldgefühlen und Reue.

Es werden Ihnen Fälle begegnen, in denen Menschen einen tragischen Verlust erlitten haben. Doch in ihren Ozean der Emotionen einzutauchen wird weder Ihnen noch den Trauernden helfen. Sie werden ohne Zweifel Mitgefühl für diese Menschen empfinden, doch Sie sind da – in welcher Kapazität auch immer –, um sie aus den unterschwelligen Emotionen herauszuholen, statt selbst darin unterzugehen. Positiv zu sein ist ein wichtiger Aspekt der Heilung, die Sie vermitteln.

Bringen Sie Ihre Dankbarkeit zum Ausdruck

Eine gute Möglichkeit, positiv zu bleiben, besteht darin, Ihre Dankbarkeit auszudrücken. Das tun wir, indem wir – uns selbst genauso wie jedem anderen – sagen, dass wir immer wieder gute Dinge und gute Zeiten in unserem Leben haben und dass wir dankbar dafür sind.

Um positiv zu bleiben, sage ich persönlich oft beim Aufwachen: »Danke, Gott, danke, Spirit und Leben, dass ich alle diese guten Dinge in meinem Leben habe.« Ich bestätige das, was ich habe, und nicht das, was ich nicht habe.

Ich kann mir keine gesündere Art vorstellen, die Liebe zu erkennen, die wir für uns empfinden können, und die Liebe, die Spirit uns gibt, als positiv zu denken.

Außerdem ist es eine gute Idee, von Zeit zu Zeit innezuhalten und darüber nachzudenken, wie unsere Arbeit als Medium anderen geholfen hat. Auch das wird Ihre Seele erfreuen und zu Ihrer positiven Einstellung beitragen.

Sich der eigenen Handlungen bewusst sein

In diesem Zusammenhang sei erwähnt, dass die Art, wie wir arbeiten, mit dem Gewahrsein unserer Handlungen zu tun hat: wie unser Leben sich auf das Leben anderer Menschen auswirkt. Ich schaue unter einem karmischen Aspekt zurück und denke: »Meine Güte, wenn der Freund meines Bruders nicht gestorben und mir erschienen wäre, wäre ich heute nicht da, wo ich bin. Durch einen Tod fand ich meinen Weg.«

Wie viele Menschen werden von dem Tod eines Menschen beeinflusst? Wie viele Menschen werden vom Leben eines anderen beeinflusst? Dies zu verstehen und mit diesem Bewusstsein zu arbeiten ist Teil dessen, was ein gutes Medium ausmacht.

Es gab Zeiten, in denen ich private Readings hielt und eine Veränderung in der Energie der Menschen fühlte, die für dieses Reading zu mir gekommen waren. Es gab Momente, in denen die Beweise, die ich ihnen bot, zu einem erstaunlichen Wandel im Hinblick auf Verhalten, Glaubenssätze und Gesundheit der Betreffenden geführt hat. Und genau das ist der Grund, warum ich mit Spirit arbeite – um zu heilen. Doch manchmal tritt diese Veränderung einfach nicht ein. Wenn dies der Fall ist, quäle ich mich nicht mit Schuldgefühlen. Und sollten Sie sich jemals in einer solchen Situation befinden, rate ich Ihnen, es ebenso wenig zu tun. Wenn Sie also das Gefühl haben, als wären die Dinge nicht gut gelaufen, geben Sie sich nicht die Schuld daran, und versuchen Sie auch nicht, sie anderen zuzuschieben. Sie haben getan, was Sie tun konnten. Vielleicht haben Sie sogar Samen gesät, die irgendwann in der Zukunft Früchte tragen werden. Doch für den Moment müssen Sie die Sache auf sich beruhen lassen.

Besinnung

Und schließlich ist es immer eine gute Idee, über jedes private Reading, das Sie als Medium geben, zu reflektieren. Überlegen Sie, warum es so verlief, wie es verlief, und wie Sie es beim nächsten Mal besser machen können. Denken Sie über die Energien nach, die Sie gefühlt haben, und ob oder wie sie sich veränderten. Das wird Ihnen bei zukünftigen Readings helfen.

11. Arbeit auf der Bühne

> *»Jede Zelle in meinem Körper besitzt göttliche Intelligenz. Ich höre auf das, was sie mir sagt, und weiß, dass ihr Rat richtig ist.«*
>
> *Louise L. Hay*

Die ersten Versuche als Medium vor einem Publikum können zu den nervenaufreibendsten Momenten Ihres Lebens gehören. Selbst wenn Sie viele Jahre lang geübt haben, eine Verbindung mit geistigen Führern und Helfern herzustellen, bereitet Sie nichts auf Ihren ersten Kontakt mit der Öffentlichkeit vor. Alles, was Sie während Ihrer Entwicklung gelernt haben, scheint sich zu verflüchtigen!

Lampenfieber

Eines Abends, als ich auf dem Weg zu meiner spiritualistischen Kirche war, um an einem medialen Gottesdienst teilzunehmen, merkte ich, wie ein heftiges Gefühl in mir immer stärker wurde. Ich war nervös und hatte Angst, aber wovor? Ich hatte keinen Anlass, Angst zu haben. Ich wusste nur, dass manchmal in der Vergangenheit, wenn dieses Gefühl aufgetaucht war, mir oder jemandem, der mir am Herzen lag, etwas Wichtiges bevorstand. Das war das Einzige, dessen ich mir sicher sein konnte, nur dieses Mal hatte ich nicht die geringste Ahnung, was da auf mich zukam und wie ich damit umgehen sollte. Doch eines war mir klar: Ich würde an diesem Abend nicht als Medium auf der Bühne stehen. Um keinen Preis der Welt!

Doch wie es sich ergab, war unser Medium an jenem Sonntagabend nicht erschienen, um den Gottesdienst zu leiten. Und da kein anderes Medium anwesend war, beschloss der Mann, der die Zusammenkunft organisierte und selbst über keine medialen Fähigkeiten verfügte, dass ich auf das Podium gehen sollte.

Falls Sie während Ihrer Entwicklungsjahre jemals diese Art von unerwartetem Debüt geben sollten, kann ich Ihnen versprechen, dass es die intensivste Erfahrung von Demut sein wird, die Sie sich jemals vorstellen können.

Ich erinnere mich, dass ich unzählige Gebete hinausschickte und Gott und alle Spirit-Helfer, die mir je begegnet waren, in der verzweifelten Hoffnung anflehte, dass das andere Medium doch noch im letzten Augenblick erscheinen möge, um mich zu retten. Als mir klar wurde, dass es keinen Ausweg gab und ich aufs Podium musste, begann ich erneut Gott anzuflehen, und dieses Mal noch dringlicher, und aus tiefstem Herzen einen heiligen Eid abzulegen, dass ich ein wirklich guter Mensch werden würde, wenn ich diesen Abend heil überstehe.

Es gibt nichts, was ich Ihnen raten könnte im Umgang mit einer solchen Situation, das Ihnen wirklich helfen kann, außer dass Sie Vertrauen in die Spirit-Freunde haben müssen, mit denen Sie zu Beginn Ihrer Entwicklung Verbindung aufgenommen haben. Genau diese Art von unerwarteter Prüfung wird Ihnen beweisen, dass Sie tatsächlich alles haben, was es braucht, um Ihre Reise fortzusetzen und mit Ihrer Arbeit als öffentliches Medium weiterzumachen.

Irgendwie muss ich es fertig gebracht haben, diesen besonderen Abend zu überstehen, wenn auch einigermaßen überwältigt und überschattet, wie ich gestehen muss. Die Erleichterung, die ich empfand, als der Organisator mir ein Zeichen gab, dass meine Zeit um sei, war so groß, dass ich am liebsten herausgelacht hätte.

Bis auf den heutigen Tag kann ich mich nicht mehr an die Einzelheiten der Vorführung erinnern; sie schien vorbeigeflogen zu sein, bevor ich es merkte. Aber Tatsache ist, dass ich endlich meinen ersten Schritt als öffentliches Medium gemacht hatte. Es erfüllte mich mit großer Demut, und gleichzeitig war es enorm inspirierend. Mir wurde klar, dass dies ein flüchtiger Blick war auf das, was ich auf öffentlicher Plattform erreichen konnte, wenn ich weiterhin mit viel Liebe und Hingabe an meiner medialen Entwicklung arbeiten würde.

Probeläufe

Wenn Sie das Glück haben, in einer Gruppe, einem Seminar oder Workshop öffentliches Demonstrieren üben zu dürfen, wo die Menschen Verständnis für Ihre fehlende Erfahrung haben und Ihnen ihre Hilfe anbieten, laufen Sie weniger Gefahr, die Nerven zu verlieren, wenn Sie völlig unerwartet aufs Podium zitiert werden, so wie es bei mir der Fall war.

Ich würde allen Lernenden mit medialen Fähigkeiten, die irgendwann öffentlich arbeiten wollen, empfehlen, so viele »Probeläufe« oder »Anfängerabende« wie möglich zu absolvieren. Die meisten spiritualistischen Kirchen und Organisationen veranstalten solche Abende für die Aspiranten ihrer Kreise und Gruppen.

Gehen Sie nur an die Öffentlichkeit, wenn Sie sich dazu bereit fühlen

Bitte seien Sie am Anfang Ihrer Entwicklung nicht allzu eifrig in Ihrem Wunsch, Ihre Gabe vorzuführen, vor allem in der Öffentlichkeit. Dafür gibt es mehrere Gründe. Zunächst einmal ist eines der ersten Dinge, die Ihre Gruppe Sie nicht lehrt, die sprichwörtliche »dicke Haut« – und glauben Sie mir, Sie werden sie brauchen! Ich hatte das große Glück, dass die geistige Welt mich bei meinem ersten »Auftritt« überschattete und die Demonstration buchstäblich übernahm, indem sie mich als ihr Medium in einem Zustand der Halbtrance benutzte. Es hätte mit Sicherheit viel schlimmer kommen können.

Wie es Ihnen bei Ihrem ersten öffentlichen Auftritt ergeht, bestimmt häufig, wie viel Sie erreichen werden, falls Sie beschließen, diesen Kurs beizubehalten. Seien Sie also vorsichtig, wenn Sie diese erste Einladung annehmen. Vergessen Sie nicht, die allgemeine Öffentlichkeit, die solchen Zusammenkünften beiwohnt, hat die unterschiedlichsten Bedürfnisse. Viele werden von großem Kummer und Trauer erfüllt sein, und natürlich werden einige auch nur kommen, um es Ihnen schwer zu machen. Nicht jeder, der zu einem spiritualistischen Treffen kommt, wird Ihnen wohlwollend begegnen. Einige der Reaktionen, die Sie bekommen, werden in erster Linie negativ, wenn nicht gar beleidigend sein! Konzentrieren Sie sich dennoch darauf, Ihre Botschaften mit Selbstvertrauen zu übermitteln. Der Ton Ihrer Stimme wird eine Wirkung auf alle haben, die Sie hören.

Was Sie in Ihren frühen Tagen als öffentliches Medium bei Auftritten in kleineren Spiritualistenorganisationen in Bezug auf den eleganten und mitfühlenden Umgang mit unterschiedlichen Situationen lernen, wird Ihnen im Laufe der Zeit sehr zugute kommen, während Sie immer größere Fortschritte erzielen und weitere Reisen unternehmen. Das ist der Grund, warum ich aus ganzem Herzen glaube, dass angehende Medien so viel und so lange wie möglich in der Sicherheit ihrer eigenen Gruppe üben sollten, um ihr Vertrauen zu stärken, bevor sie an die Öffentlichkeit treten.

Als ich zum ersten Mal vor einem größeren Publikum stand, hatte ich kaum das nötige Selbstvertrauen – allein der Gedanke an einen öffentlichen Auftritt erschreckte mich zu Tode. Heute kann ich drei Stunden auf der Bühne stehen und fühle mich rundum wohl dabei. Der Unterschied, durch viel Üben und Nachdenken hervorgerufen, ist enorm.

Ich habe gelernt, meine Angst zu besiegen, indem ich fest daran glaube, dass man – wenn man eine Botschaft hat, die weitergegeben werden muss – aufstehen und reden muss. Angst ist nichts anderes als ein sich sträubendes Ego – in diesem Fall ist es die Angst, sich zum Narren zu machen oder Fehler zu begehen. Doch seien Sie mutig: Die Botschaft ist wichtiger als Ihre Nerven!

Und bei allem, was mir passiert ist, bin ich immer noch derselbe Mensch, der ich seit jeher war; jedes Mal, bevor ich auf ein Podium gehe, bitte ich immer noch Spirit von ganzem Herzen, mir zu helfen, und jedes Mal bitte ich um Erlaubnis: »Ist es richtig, diesem Menschen zu helfen? Darf ich als Instrument benutzt werden, um euch zu dienen?«

Sie werden hören, was Sie hören müssen

Wie ich zu Beginn dieses Buches erwähnt habe, weiß ich mit Sicherheit, dass jeder, der dazu berufen ist, diese Arbeit zu tun, einen Weg finden wird. Wenn es Ihre Aufgabe ist, auf einer öffentlichen Plattform zu stehen, werden Sie die Chance bekommen. Sollten Sie die erste übersehen, wird sich eine andere auftun. Und eine andere. Also achten Sie darauf, dass Ihr Herz offen, Ihre Intentionen klar und Ihr Vertrauen unerschütterlich bleibt. Sie werden wissen, wann der richtige Moment für Sie gekommen ist.

Das Leben unterwegs

Die Arbeit mit Spirit hat mir einige wunderbare Gelegenheiten zu reisen geboten, für die ich ganz besonders dankbar bin. Es ist ein großes Privileg, unterwegs zu sein, wenn Sie dazu berufen sind, und zudem ein guter Test für Ihre Fähigkeiten als Medium. Wenn Sie aus Ihrer gewohnten Umgebung herauskommen, ist Ihnen hundertprozentig klar, dass Sie nichts über die Menschen wissen können, die zu Ihrer Demonstration erschienen sind.

Mit fremden Zungen reden

Dies gilt vor allem in Ländern, in denen eine andere Sprache gesprochen wird und Sie einen Dolmetscher brauchen. Wann immer ich mit einem Dolmetscher gearbeitet habe, empfand ich es als sehr beruhigend, dass ich manchmal Informationen in anderen Sprachen empfing – was mich immer wieder verblüfft, da ich außer Englisch keine andere Sprache spreche.

Ich erinnere mich, als ich vor einiger Zeit in Deutschland dabei war, eine Botschaft zu übermitteln, und der Dolmetscher zu lange brauchte, um meine Worte zu übersetzen. Es ging um ein sechsjähriges Mädchen, das mit seiner Mutter im Saal kommunizierte, und ich wusste, dass der Dolmetscher mehr sagte, als notwendig war. Während die Minuten verstrichen, frustrierte mich seine langatmige Übersetzung immer mehr. Irgendwann dachte ich genervt: »Okay, Spirit, benutz mich einfach!«, und fühlte im nächsten Moment, dass das kleine Mädchen durchkam und direkt zu seiner Mutter sprach – auf Deutsch! Durch mich!

Der Dolmetscher brach mitten im Satz ab – alle im Saal waren geschockt! Doch das kleine Mädchen machte ruhig weiter, dankte seiner Mutter für alles, was sie getan hatte, und sagte, es wisse, dass seine Mutter an Engel glaubt und es jetzt selbst ein Engel sei. Es erwähnte sogar, dass es glücklich war, in Australien gewesen zu sein! Natürlich wusste ich nichts von all diesen persönlichen Details – ich war nur da und ließ die Worte aus meinem Mund strömen. Dann hörte es so plötzlich auf, wie es begonnen hatte, und ich konnte danach genauso wenig Deutsch reden, wie eine Kuh fliegen kann.

Als ich später über dieses Ereignis und meine Frustration nachdachte, kam mir der Gedanke, dass Geistwesen, die durchkommen wollen, vielleicht etwas Ähnliches fühlen, wenn sie mit einem Medium arbeiten. Bei der Arbeit mit einem Dolmetscher geht es Ihnen genauso: Sie sind darauf angewiesen, dass derjenige das übersetzt, was Sie empfangen, und können nur hoffen, dass es richtig weitergegeben wird. Da gab es viel zu lernen, und für mich ging es bei diesen Lektionen darum, wie ich treffender und genauer hinsichtlich der Informationen werden konnte, die ich durch einen Dolmetscher weiterzugeben versuchte.

Es geht immer nur darum, die Botschaft rüberzubringen.

Hüten Sie sich vor Anmaßung

Öffentlich zu arbeiten stellt aufgrund all der Menschen, die ihre Gedanken und Wünsche für eine Botschaft aussenden, eine enorme Energiequelle dar. Plötzlich merken Sie, dass ein Saal hoffnungsvoller Seelen zu Ihnen aufblickt, und wenn Sie gut sind, ist es leicht, den eigentlichen Grund für Ihren schnellen Ruhm zu vergessen. Anstatt sich darauf zu fokussieren, anderen Menschen zu helfen, sonnen Sie sich plötzlich in Ihrer Bewunderung. Die öffentliche Plattform ist gelegentlich der Ort, an dem das Ego eines Mediums in einem Maße poliert wird, dass dieses vergisst, aus welchem Grund es überhaupt mit seiner spirituellen Entwicklung begonnen hat.

Wenn Ihr Ego jemals aufgrund Ihres Erfolgs als Medium verrückt spielt, sollten Sie es sofort erkennen und entsprechend damit umgehen. Anmaßung kann die größte Falle für ein Medium sein. Vergessen Sie nicht, Sie sind einfach ein Briefträger, der Botschaften der Führung, des Trostes und der Liebe bringt. Sie sind nicht der Urheber dieser Botschaften. Dies ist Aufgabe der höheren geistigen Welt.

Eine typische Plattform

Ich schien einen Großteil meiner öffentlichen Demonstrationen sozusagen »unterwegs« zu machen, daraus zu lernen, die Fehler zu akzeptieren, die mir unterliefen, und mir dann dafür zu vergeben. Oft handelte es sich um unbekanntes und unerforschtes Terrain für mich, dennoch machte ich Fortschritte.

Wenn ich versuchen wollte, zu beschreiben, wie es sich anfühlt, eine öffentliche Demonstration von Anfang bis Ende durchzuführen, würde das in etwa so aussehen: Der Moment, in dem ich auf die Bühne komme, ist der Moment, in dem ich beginne, meinen Geistführern meine Signale zu senden, mich auf sie einzustimmen und sie zu bitten, mir bei der Demonstration zur Seite zu stehen. Mein Bewusstsein fokussiert sich stets mehr auf die Spirits um mich herum als auf das, was im Raum passiert oder was der Organisator des Abends den Anwesenden sagt. Von diesem Augenblick an bin ich vollkommen offen für die geistige Welt. Wenn zu Beginn ein Gebet oder eine kurze Ansprache gewünscht wird, muss ich meinen Geistführern vertrauen, die Essenz, den Ton oder die Philosophie der Botschaft so zu gestalten, dass sie so viele Herzen der Menschen, die sich eingefunden haben, wie möglich berührt.

Ich habe häufig mit Medien gearbeitet, die behaupten, dass sie vor einer Demonstration – sogar einen oder zwei Tage vorher – spezifische Botschaften von Personen in der Geistwelt erhalten, die sie der Versammlung weitergeben sollen. Mir scheint so etwas nie zu passieren, oder so gut wie nie. Zumindest bin ich mir dessen vor dem geplanten Termin nie bewusst. Wie ich es verstehe, funktioniert eine öffentliche Demonstration so, dass wir uns auf die Energien einstimmen, die zu diesem bestimmten Zeitpunkt an diesem bestimmten Ort in dem Augenblick, in dem wir mit unserer Arbeit beginnen, präsent sind. Für mich ist das der Moment, in dem ich auf die Bühne komme.

Nachdem der Organisator des Abends mich bittet, mit meiner Demonstration zu beginnen, frage ich innerlich die Geistwesen, ob sie kommunizieren möchten. Von dem Augenblick an läuft für mich alles spontan ab. Es fühlt sich an, als würde mein eigenes Wesen überschattet, während mein Geistführer näher kommt und die Kontrolle übernimmt. Das ist der Grund, warum es schwierig ist, anderen die genauen Funktionen der Form von medialer Tätigkeit zu erklären, die Sie soeben demonstriert haben.

Verschiedene Arbeitsmöglichkeiten

Ich persönlich glaube nicht, dass Medien sich zu viele Gedanken über Begriffe wie »Hellsehen«, »Hellhören«, »Hellfühlen« oder sogar »Trance« machen sollten. Was immer durchkommen soll, kommt durch, egal welche Form in dem Moment von Spirit bevorzugt wird. Eine Form medialer Arbeit durch einen bestimmten Begriff festzulegen bedeutet, ihr automatisch Grenzen zu setzen. Sie wissen vorher nie, wie eine bestimmte Botschaft übermittelt wird. Sie verbinden sich einfach mit Ihren Geistführern und Helfern und überlassen ihnen alles Weitere. Das Beste ist, einfach den Weg freizumachen und Spirit so viel menschlichen Raum benutzen zu lassen wie möglich. Lassen Sie los und vertrauen Sie. Und nehmen Sie sich diese Empfehlung zu Herzen.

Selbst wenn die allgemeine Öffentlichkeit sich vielleicht des leichten Trancezustands nicht bewusst ist, in dem Sie sich während der Arbeit auf dem Podium befinden, hat gute mediale Arbeit immer mit irgendeiner Form von Überschattung zu tun. Ich bin mir seit Jahren bewusst, dass Chi, der Spirit, der den Teil meiner Arbeit kontrolliert, der mit Hellsichtigkeit zu tun hat, verantwortlich ist für das Sehen, Hören und Fühlen der Geistwesen, die mit ihren Lieben auf der Erde kommunizieren wollen. Wenn also ich und andere Medien vielleicht sagen, dass »wir« eine Seele sehen oder hören, ist es in Wahrheit der Geistführer – in meinem Fall Chi –, der uns durch die Verbindung, die wir mit ihm eingegangen sind, die Information weitergibt.

Sobald die Demonstration zu Ende ist, ist auch meine Verbindung mit der Geistwelt beendet, und ich »schalte« mich schnell ab – jene entscheidende Maßnahme, die ich schon früh in meinem Entwicklungskreis gelernt habe.

In dem Versuch, Ihnen das Gefühl zu beschreiben, kann ich nur sagen, dass es nicht so ist, als wäre ich in einer tiefen Trance gewesen, sondern eher so, als wären meine Gedanken vollständig von den Gedanken der Seelen auf der anderen Seite überlagert worden, die sich durch mich äußerten. Es ist ein bisschen so, als würde man aus einem Tagtraum erwachen, aber innerhalb von Sekunden übernimmt mein bewusster Verstand wieder die Kontrolle. Damit möchte ich nicht sagen, ich sei mir der Vorgänge nicht bewusst gewesen, sondern vielmehr, dass Spirit die Freiheit hatte, über meine Denkprozesse und meine Vorstellungskraft zu verfügen.

Am Ende einer Demonstration, sofern sie kontinuierlich war und viele klare Botschaften übermittelt wurden, sollte das Medium ein umfassendes Gefühl der Ruhe und des Wohlbefindens erleben. Wenn dagegen das Medium während der Demonstration die Verbindung mit Spirit mehrmals verloren und sich auf die niedere psychische Ebene begeben hat, um die Energien mit seinen eigenen Reserven zu ersetzen, kann es sein, dass der Betreffende eine physische und/oder mentale Müdigkeit verspürt. Anhand des Wohlgefühls oder der Müdigkeit können wir oft erkennen, wie viel Arbeit wir auf der geistigen und wie viel, wenn überhaupt, auf der psychischen Ebene geleistet haben. In beiden Fällen kommt nach der Demonstration der Zeitpunkt, an dem wir uns wieder dadurch erden müssen, dass wir uns wieder unserem Leben zuwenden.

Freundlichkeit ist oberstes Gesetz

Wenn Sie sicher sind, dass die Arbeit als öffentliches Medium Ihr Weg ist, sollten Sie immer versuchen, in allem, was Sie tun, und in der Art, wie Sie es tun, ehrlich und aufrichtig zu sein. Vergessen Sie nicht, dass die meisten Menschen, die zu Ihnen kommen, unter großen seelischen Schmerzen leiden, wie immer stark und gefasst sie nach außen erscheinen mögen. Seien Sie freundlich und liebevoll und überlassen Sie Spirit den Rest.

12. Ein schwieriger Beruf

»Wenn du als Medium von der Öffentlichkeit gelobt wirst, kannst du sicher sein, dass Kritik auf dem Fuße folgen wird.«

Albert Best

Es gibt viele verschiedene Möglichkeiten, als professionelles Medium zu arbeiten, und auf welche Weise Sie Ihre Dienste anbieten, ist einzig und allein Ihre Entscheidung – was immer Ihnen angenehm ist und womit Sie sich wohlfühlen. Sie können sich auf Mund-zu-Mund-Propaganda verlassen. Sie können Ihre Dienste auch in Zeitungen, Magazinen oder im Internet anbieten. Sie können reisen. Sie können an dem Ort bleiben, an dem Sie gelernt haben. Es liegt ganz an Ihnen. Gehen Sie dahin, wohin Sie gerufen werden, wo immer das sein mag.

Die Art, wie Sie arbeiten, kann genauso vielfältig sein wie der Ort, an dem Sie wirken. Vergessen Sie nicht, Sie haben die Fähigkeit und die Freiheit, jederzeit alle Umstände zu verändern, die Ihnen nicht angenehm sind oder die sich nicht richtig anfühlen.

Erste Schritte

Wenn Sie sich mit dem Gedanken tragen, als Medium arbeiten zu wollen, dann verhält es sich mit der Arbeit vor einem Publikum nicht anders als mit irgendeinem anderen Job, den Sie gerade erst beginnen. Der Kreis und all die fürsorglichen Vorbereitungen seiner Mitglieder erinnerten mich an meine Zeit in der Friseurfachschule, als absolut alles, was ich tat, von meinem Lehrer überwacht wurde. Es war eine eigene Welt, und die Leute, an denen ich meine Künste erprobte, wussten, dass ich ein blutiger Anfänger war.

Und dann kommt aus heiterem Himmel jener große Sprung. Plötzlich sitzt jemand auf Ihrem Stuhl, ein echter Kunde, und Sie müssen Ihr Können zeigen. Am ersten Tag, an dem ich aufgefordert wurde, zahlenden Kunden die Haare zu schneiden, hatte ich einen solchen Horror davor, Fehler zu machen und den Haarschnitt zu verpatzen, dass ich stocksteif dastand wie ein Lehrling und nicht wusste, wie ich beginnen sollte. Beinahe hätte ich meinen Job verloren. In meinem Kopf wusste ich genau, wie ich all die Fertigkeiten umsetzen konnte, die ich im College gelernt und zahllose Male geübt hatte, doch irgendwie konnte ich sie in dieser fremden Umgebung, in der ich mich so unter Druck fühlte, nicht bis in die Fingerspitzen bringen.

Bei Ihren ersten Übungen als Medium kann es Ihnen so ähnlich ergehen. Bevor Sie das Podium erklimmen, sind Sie sicher, vollkommen vorbereitet zu sein, und in Ihrem Kopf können Sie hören, wie Sie sich einstimmen, genauso wie Sie es immer im Kreis getan haben. Sie beginnen, die Präsenz der Geistwesen in Ihrer Umgebung zu spüren, und alles fühlt sich so weit richtig an. Langsam entspannen

Sie sich in dem Wissen, dass sie da sind, um Sie in jeder Beziehung zu unterstützen.

Dann, wenn der Organisator des Abends bekannt gibt, dass Sie auf die Bühne kommen und eine hellsichtige Demonstration geben werden, verschwindet alles, löst sich auf, einfach so, und es ist keine Zeit mehr, sich neu einzustimmen. Sie fangen an, fieberhaft zu beten. Sie können sich an keine der hilfreichen Tipps erinnern, die Sie während Ihrer Entwicklung gelernt haben. Die Menschen schauen zu Ihnen hoch, warten gespannt darauf, dass Sie zu reden anfangen, in der Hoffnung, Sie werden ihnen Botschaften von ihren Lieben auf der anderen Seite übermitteln. Einen Moment lang überfällt Sie Panik, und Sie haben das Gefühl, dass absolut nicht das Geringste passieren wird …

… und so fokussieren Sie sich wieder

Was ist zu tun, wenn so etwas passiert? Ich kann Ihnen nur sagen, wie ich vorgehe; mit der Zeit werden Sie Ihre eigene Methode entwickeln, um sich wieder zu fokussieren.

Wenn ich mich in einer solchen Lage befinde, mache ich Folgendes: Ich hole tief Luft, trinke einen Schluck Wasser und spreche zu den Anwesenden. Ich bin immer ehrlich mit ihnen und rede einfach frisch von der Leber weg. Das Schlimmste, was Sie tun können, ist, zu versuchen, Botschaften weiterzugeben, obwohl in Wahrheit nichts durchkommt. Sie werden das Ganze nur noch schlimmer machen, wenn Sie versuchen, Spirit-Information durch ein Bewusstsein zu zerren, das angespannt und eng geworden ist.

Nehmen Sie sich also einen Moment Zeit, um sich zu sammeln und den Menschen im Publikum ehrlich zu sagen, wie Sie sich fühlen. Nichts ist so geeignet, Ihren Geist zu öffnen, als Ehrlichkeit. Das wird den Geistführern, mit denen Sie arbeiten, erlauben, eine stärkere Verbindung herzustellen, damit Sie weitermachen können.

Vergessen Sie nicht, Sie stehen nicht vor Gericht! Sie sind da, um mit anderen ein Geschenk zu teilen.

Was ist, wenn Sie keine Botschaft bekommen?

Ob Sie private Readings geben oder auf einem Podium stehen, schämen Sie sich nie, zuzugeben, wenn nichts von der Geistwelt zu Ihnen durchkommt. Seien Sie einfach freundlich und aufrichtig. Haben Sie den Mut, zu sagen: »Es tut mir leid, die Verbindung ist nicht stark genug. Ich kann nichts hören, es kommt einfach nichts durch.« Die meisten Menschen werden das verstehen.

Wie ich bereits erwähnt habe, sind manche Leute einfach nicht bereit, eine Botschaft zu empfangen, und die geistige Welt wird das wissen. Andere Menschen wiederum werden kommen, um ein Medium in Aktion zu sehen, obwohl sie eigentlich keinen Bedarf daran haben und es auch keine Botschaften für sie gibt. In beiden Fällen sollten Sie nicht versuchen, eine Information zu bekommen, da dies in seelischer Hinsicht kräftezehrend für Sie sein kann.

Was ist, wenn jemand wütend wird?

Seien Sie jedoch gewarnt, dass es Zeiten geben wird, in denen der Empfänger wütend ist, egal ob Sie eine Botschaft für ihn haben oder nicht. Ich habe einige Male in meinem Leben Readings gegeben, bei denen die Betreffenden mich angebrüllt und bedroht haben – manche werden sogar schon gleich zu Beginn zornig, bevor ich überhaupt einen Ton von mir gegeben habe.

Wenn dieser Fall eintritt – und früher oder später wird er eintreten –, versuchen Sie, Gleichmut zu bewahren und zu verstehen, dass diese Personen nicht so wütend wären, wenn nicht gerade etwas Wichtiges mit ihnen passieren würde. Sie dürfen nicht vergessen, dass ein Medium eine Art Therapeut ist und seine Botschaften so etwas wie eine Therapie für Trauernde. Und niemand, der zu Ihnen kommt, wäre so wütend, würde er keine großen Schmerzen leiden, Angst haben oder sich nicht in einer schweren Lage befinden.

Es besteht immer die Möglichkeit, dass diese Wut im Grunde ein Verteidigungsmechanismus ist, für den Fall, dass Sie eine Botschaft für den Betreffenden empfangen: Wut ist eine Möglichkeit, wie jemand zeigt, dass er noch nicht für eine Botschaft oder den Beweis der Anwesenheit eines lieben Verstorbenen bereit ist.

Und am wichtigsten ist, zahlen Sie nicht mit gleicher Münze zurück. Als Medium müssen Sie nicht nur gegenüber den geistigen Wesen in höchstem Maße sensitiv sein, sondern auch gegenüber den Personen, die für ein Reading zu Ihnen kommen. Wenn der Betreffende wütend ist oder seine Frustration zum Ausdruck bringt, ist das der Moment, in dem Sie noch liebevoller mit ihm umgehen müssen. Reden Sie mit ihm. Wenn nötig, hören Sie mit dem Reading vorübergehend auf. Beenden Sie es freundlich. Sagen Sie zum Beispiel: »Es tut mir leid, dass Sie wütend sind und wir aufhören mussten. Vielleicht ist für Sie jetzt nicht der richtige Zeitpunkt für ein Reading.« Erteilen Sie den besten Rat, den Sie geben können, und seien Sie ehrlich, aber liebevoll.

Ein Beispiel dafür ist eine Dame, die mit ihrem Mann für ein Reading in die Kirche kam, in der ich als Medium arbeitete. Ich konnte die Verbindung mit der Geistwelt ohne Probleme herstellen, und was die Beweise für die Anwesenheit betraf, war Spirit in der Lage, ihr eine Menge davon zu liefern. Sie hatte ihren Sohn verloren, der erst Mitte zwanzig war. Er kam durch und erklärte, dass er kürzlich im Hospital an einer Krankheit gestorben war und ein Kind hinterlassen hatte. Er war sogar in der Lage, das Lied durchzugeben, das auf seiner Beerdigung gespielt wurde. Die Botschaft, die er geben wollte, war sogar noch klarer: Seine Eltern führten mit der Mutter des Kindes, die ihnen nicht erlaubte, ihren Enkel zu sehen, einen Krieg um das Sorgerecht. Aus diesem Grund hatten sie einen Anwalt damit beauftragt, die nötigen Schritte für eine Adoption einzuleiten. Er jedoch wollte um jeden Preis verhindern, dass es so weit kam.

Während des ganzen Readings kamen immer mehr kleine Beweise zutage: etwas, was sein Vater in der Jackentasche trug; Gegenstände, die seine Eltern absichtlich mitgebracht, jedoch nicht aus der Tasche geholt hatten; Dinge, über die sie mit ihm an jenem letzten Tag gesprochen hatten.

Ungefähr eine halbe Stunde später, nachdem ich die Botschaft durchgegeben hatte, meinte die Frau ärgerlich: »Ich glaube nichts davon. Sie haben mich nicht überzeugt.«

Ihr Mann war sehr überrascht: »Aber wie konnte er all diese Dinge wissen?«

Jetzt wurde sie richtig zornig und erwiderte: »Er hat mir nie den Zweitnamen meines Sohnes gesagt!«

Es wäre sehr leicht für mich gewesen, sie in die Schranken zu weisen, sogar mit einer sarkastischen Antwort, doch ich unterließ es. Stattdessen schaute ich sie an und erkannte, wie traurig sie war, und dachte mir: »Du arme Frau – all diese Beweise, und du wolltest nur, dass ich dir seinen Zweitnamen sage?« Mir war nicht einmal der Gedanke gekommen, danach zu fragen: Ich selbst trage keinen Zweitnamen, und ich hätte nie gedacht, dass dies das eine Beweisstück war, von dem sie glaubte, es dringend zu brauchen.

Ich biss mir auf die Zunge, blieb ruhig und sagte, dass es mir leid täte, dass sie so wütend sei, doch dass dies die Botschaft war, die ich empfangen hatte.

Aber sie konnte das immer noch nicht akzeptieren und ging. Ich war ein wenig traurig, hatte jedoch das Gefühl, dass ich nichts hätte tun können, um ihr zu helfen.

Sechs Wochen später erhielt ich einen Dankesbrief von dieser Frau und ihrem Mann. Nach langem, ernsthaftem Nachdenken hatten sie erkannt, dass ihr Sohn recht hatte, und sich seinen Rat zu Herzen genommen: Sie beschlossen, die Adoption nicht weiterzuverfolgen und sich stattdessen darauf zu konzentrieren, eine Beziehung zu ihrem Enkel und seiner Mutter aufzubauen. Sie waren schon jetzt viel glücklicher und sahen endlich wieder einen Lichtschimmer am Horizont.

Die Wahrheit war, dass ihr Kampf ums Sorgerecht einfach ein Weg gewesen war, um ihren Schmerz zum Ausdruck zu bringen. Vor allem der Frau war es ein überwältigendes Bedürfnis gewesen, jemanden für ihren Verlust verantwortlich zu machen, wenn auch niemanden irgendeine Schuld traf. Beide Eltern hatten große Angst und wollten in ihrer Verzweiflung verhindern, noch etwas zu verlieren, was mit ihrem Sohn zu tun hatte, und der Kampf um das Sorgerecht des Enkels schien die einzige Möglichkeit zu sein.

Ich erkannte, dass diese Situation eine Lektion enthielt: dass es einen klaren Unterschied gibt zwischen dem, was jemand möchte, und dem, was er braucht. Die Botschaft, die das Paar bekommen hatte, war etwas, was sie auf keinen Fall hatten hören wollen, doch das Akzeptieren des Beweises, dass die

Seele ihres Sohnes auf der geistigen Ebene nach wie vor lebendig war, und die Entscheidung zu treffen, zu vergeben und zu lieben, statt ihren Enkel besitzen zu wollen, hatte die Heilung gebracht, die sie brauchten.

Was die Hinterbliebenen empfangen, ist oft nicht das, was sie erwarten, und damit müssen sie erst einmal fertig werden. Doch das heißt nicht, dass Sie jemals zulassen sollten, dass man Sie angreift oder beschimpft.

Was ist, wenn jemand die Botschaft nicht akzeptiert?

Zu den frustrierendsten Situationen, die ich in meiner ersten Zeit als Medium erlebt habe, gehörten die vielen Male, wo ich einem Menschen eine Botschaft weitergab, die er entweder nicht begriff oder die zu akzeptieren er sich standhaft weigerte. Das ist sogar noch frustrierender bei der Arbeit auf dem Podium, wenn Sie wissen, dass Sie starke Beweise aus der Geistwelt für eine spezielle Person durchgegeben haben, und derjenige dazu nur sagt: »Nein, nein, nein!« Nicht nur kann diese Art der Reaktion Ihr Vertrauen als Medium erschüttern, sondern darüber hinaus auch die anderen Anwesenden dazu verleiten, Ihr Talent oder Ihre Ehrlichkeit infrage zu stellen, und zur Folge haben, dass die Energien im ganzen Raum zu sinken beginnen.

Die erfahreneren Medien scheinen fähig zu sein, gut und ohne Schwierigkeiten mit diesen Situationen umgehen zu können, ohne ihre Verbindung zu Spirit oder ihren Glauben an das zu verlieren, was kommuniziert wird. Doch der Novize macht zuweilen den Eindruck eines jungen Lachses, der gegen den Strom schwimmt, sich in einem Netz verheddert und verzweifelt versucht, sich daraus zu befreien. Dieser Kampf ist es, der zur Erschöpfung der Energien aller Beteiligten führt. Die anderen fühlen sich zusehends unbehaglicher, und im ganzen Raum macht sich eine deutliche Verlegenheit bemerkbar.

Das ist kein schöner Zustand. Dennoch sollten Sie vor allem eins nicht tun, nämlich jemanden herauszufordern oder zu versuchen, ihm eine Botschaft aufzuzwingen.

Wie können Sie diese Form von Stillstand auflösen?

Zunächst einmal beenden Sie den Kampf sofort. Bieten Sie dem Empfänger die Information freundlich und voller Mitgefühl an, wenn Sie sicher sind, dass sie für ihn bestimmt ist; sollten Sie zurückgewiesen werden, bitten Sie ihn, diese Information bis zu einem späteren Zeitpunkt auf Eis zu legen, wenn die weitergegebene Botschaft entweder mehr Sinn macht oder er eine Möglichkeit hat, sie mit jemandem aus seiner Familie oder seinem Freundeskreis zu überprüfen. Was immer Sie tun, achten Sie darauf, dass es nicht in einen Kampf ausartet. Bei dieser Art privilegierten Austausches gibt es keine Gewinner oder Verlierer.

Zweifellos funktioniert jede Art medialer Arbeit besser in einer harmonischen Atmosphäre. Doch

Ihre Aufgabe ist nur, Beweise zu liefern, um die Verbindung herzustellen, dann die angebotenen Botschaften zu übermitteln, woraufhin der Empfänger entscheiden muss, wie viel davon für ihn von Belang ist. Sie müssen seine Entscheidung nicht beurteilen. Bieten Sie dem Betreffenden einfach an, was Sie ihm mitzuteilen haben, und bitten Sie in Ihrem Herzen darum, dass es zum Besten des Empfängers ist, wenn er die für ihn gedachte Botschaft hört.

Selbst wenn die Botschaften zutreffend sind, werden manche Menschen das, was Sie sagen, abtun und behaupten, Sie würden »nur« ihre Gedanken lesen. »Ach was, er kriegt keine Botschaften von oben, er ist einfach nur telepathisch!« Wie bitte? Wäre das nicht faszinierend? Das allein wäre schon eine Erweiterung des menschlichen Geistes, die wir bisher noch nicht angezapft haben. Doch für einige Leute ist Telepathie oder »Gedankenlesen« nur eine Ausrede dafür, nicht zu glauben, was Sie sagen, weil sie aus irgendeinem Grund nicht bereit sind, alle damit einhergehenden Implikationen hinzunehmen.

Andere wiederum werden beinahe kämpferisch behaupten, nichts von dem zu wissen, was Sie ihnen da weitergeben. Falls das passiert, lassen Sie sich nicht entmutigen. Ich habe bei öffentlichen Demonstrationen so viele Botschaften weitergegeben, die die Betreffenden damals nicht annehmen wollten und deren Relevanz sie dann später, nachdem sie mit Verwandten oder Freunden darüber gesprochen hatten, erkannten. Wenn jedes Medium jedes Mal einen Euro bekommen würde, wenn eine Botschaft im Augenblick ihrer Übermittlung nicht akzeptiert wurde, sich später jedoch als zutreffend herausstellte, wären wir alle reich!

Ich erhalte immer wieder Briefe von Personen, die mir nach einer privaten Session schreiben, dass es während des Readings etwas gab, was sie nicht akzeptieren konnten, sie jedoch, zu Hause angekommen, etwas gefunden hatten, was ihnen bewies, dass die Information zutraf.

Als ich vor einiger Zeit einen Trailer für einen Fernsehauftritt machte, wurde ich gebeten, als Teil der Dokumentation Botschaften an das Publikum weiterzugeben. Die erste Botschaft, die durchkam, stammte vom Vater einer der anwesenden Frauen, der kurz zuvor gestorben war. Sie akzeptierte alles, was ich sagte, bis auf eine Sache: Er erwähnte ein altes Foto, das ihn zusammen mit einem Freund namens Alec zeigte, mit dem er in seiner Jugend bei der Marine gewesen war, doch die Frau behauptete steif und fest, dass sie niemanden mit diesem Namen kannte.

Nach Ende der Dreharbeiten ging ein Mitarbeiter des Filmteams mit der Frau nach Hause, um die Gegenstände zusammenzusuchen, die in der Botschaft erwähnt worden waren, und ihre Reaktion darauf zu filmen. Alle waren bass erstaunt, als sie auf der Suche nach anderen Fotos, die ich erwähnt hatte, ein Foto von zwei jungen Soldaten fand, auf dessen Rückseite ihr Vater die Worte »Alec und ich« geschrieben hatte.

Auch hier kommt wieder das kleine Wörtchen

»Vertrauen« ins Spiel. Die heilige, unumstößliche Regel medialer Tätigkeit besteht darin, das weiterzugeben, was man bekommt, und es dabei zu belassen. Fangen Sie nicht an, sich selbst infrage zu stellen oder Ihre Arbeit anzuzweifeln, denn sonst werden Sie langsam, aber sicher die Verbindung mit Spirit verlieren und Fehler machen. Also, noch einmal: Das Schlüsselwort ist Vertrauen.

Was ist, wenn Sie wie ein Held angebetet werden?

Vielleicht werden Sie jetzt lachen, doch im Laufe der Jahre werden Sie Menschen begegnen, die fälschlicherweise glauben, dass Sie Zugang zu einem grenzenlosen Quell des Wissens haben. Tatsächlich ist Spirit grenzenlos in Bezug auf Wissen, doch Ihr Zugang dazu ist es nicht. Machen Sie es den Menschen klar: Was Sie empfangen, hängt einzig und allein davon ab, was Spirit Ihnen durchzugeben bereit ist. Damit soll nicht gesagt werden, dass die Details wild durcheinanderwirbeln, doch Tatsache ist, dass Sie wenig oder keine Kontrolle über das haben, was Sie empfangen. Die Verbindung mit Spirit aufzunehmen, vor allem bei der Arbeit als Medium, kann nicht damit verglichen werden, die Verbindung mit einer Suchmaschine im Internet herzustellen: Sie können nicht nach etwas suchen, was jemand haben oder hören will. Sie können nur offen sein für das, was Ihnen übermittelt wird.

Eine gute Möglichkeit, jede Form von Heldenanbetung zu vermeiden – und die Chance, dass so etwas passiert, ist immer gegeben, vor allem wenn jemand emotionale Schwierigkeiten hat –, besteht darin, sich sowohl während eines Readings als auch außerhalb davon und darüber hinaus in jedem Bereich seines Lebens angemessen zu verhalten.

Zudem ist es nicht nötig, dass Sie 24 Stunden am Tag, sieben Tage in der Woche, über Ihre Arbeit mit Spirit reden. Natürlich sollten Sie nicht verheimlichen, wer Sie sind und was Sie tun, doch riskieren Sie, falsche Erwartungen und Hoffnungen in anderen zu wecken, wenn Sie ständig über Ihre Arbeit als Medium reden und darüber, wie wundervoll das ist. Vergessen Sie nicht, Sie sind ein Botschafter für die geistige Welt, also verhalten Sie sich entsprechend. Sie müssen sich nicht produzieren oder heraushängen lassen, was Sie tun. Das sollte denen vorbehalten sein, die Ihre Hilfe brauchen. Wenn Sie zum Beispiel jemand fragt: »Können Sie mir sagen, was morgen passieren wird?«, ist dies ein klares Zeichen, dass derjenige zwar neugierig ist, aber keine Hilfe braucht. Seien Sie solchen Menschen gegenüber freundlich, doch lassen Sie sich nicht näher auf ihre Fragen und Wünsche ein. Sie müssen sich nicht auf Spirit einstimmen, um überflüssige Fragen zu beantworten – sonst laufen Sie Gefahr, Ihre Zeit und Energie zu vergeuden.

Daran sollten Sie sich vor allem dann erinnern, wenn Sie gerade erst Ihre Anfangsschritte als Medium machen, da man Ihnen viele Bitten vortragen und Fragen stellen wird, bei denen Sie nicht sicher sind, wie Sie sie beantworten sollen. Am einfachsten ist es immer, ehrlich zu sein in Bezug auf das, was Sie tun können und was nicht. Entspannen Sie sich einfach, seien Sie freundlich und lächeln Sie. Beseitigen Sie etwaige Missverständnisse, doch mehr müssen Sie nicht tun. Sie sind verantwortlich für Ihren Raum, daher sollten Sie den Mut haben, Menschen davon abzuhalten, ihn gegen Ihren Willen einzunehmen – oder Sie auf einen Sockel zu stellen.

Ihnen nahestehende Menschen eignen sich in der Regel besonders gut dafür, Sie von irgendwelchen Ideen des Größenwahns abzuhalten. Meine Eltern, beide aus einfachen Verhältnissen und mit gesundem Menschenverstand gesegnet, nannten meine mediale Arbeit einfach nur »der Job, den du machst«. Bevor meine Mutter zum ersten Mal zu einer meiner öffentlichen Demonstrationen kam, hatte sie keine Ahnung, was wirklich dazugehörte. Einmal sagte sie sogar anderen, dass ich in einem Chor in Belgien singen würde, was jedoch – wie sie sagte – völlig in Ordnung sei, da sie wusste, es war etwas Heiliges …

Ein Wachstumsprozess

Wachstum ist das Resultat der Erfahrung sowohl guter als auch schwierigerer Zeiten, wobei die schwierigeren Teile unserer spirituellen Entwicklung helfen können, unser diesbezügliches Ego in Schach zu halten. Ein spirituelles Ego kann die am schwersten zu erkennende Form von Ego sein. Jedoch ist es möglich, ein Medium ziemlich schnell mit beiden Beinen auf die Erde zurückzuholen. Jeder von uns kann mal einen schlechten Tag haben, denn wir sind alle Menschen.

Erinnern Sie sich in schwierigen Zeiten daran, dass Sie da sind, um eine Botschaft zu übermitteln, und dass Sie nicht mehr tun können als das. Und dass Sie ständig lernen und besser werden.

Umgang mit der Angst der Leute

Wenn jemand mit Ihnen über Ihre Arbeit als Medium spricht, haben Sie die Macht, ihm eine neue Perspektive zu eröffnen, die ihm unter Umständen einen Teil seiner Ängste nehmen könnte. Tatsächlich gefällt es den meisten Menschen, Angst zu haben. Irgendwann kommt jedoch der Punkt, an dem sie die Kontrolle über diese Angst verlieren, und zwar besonders schnell bei allem, was mit geistigen Dingen oder dem physischen Tod zu tun hat.

Spuk und Geister

Bei öffentlichen Demonstrationen ist es zuweilen passiert, dass Personen zu mir gekommen sind und mir von Geistern und Spukerscheinungen berichtet haben – und tatsächlich zu Tode erschrocken waren. Das ist jedes Mal eine gute Gelegenheit, irgendwelche Ängste zu beseitigen, indem Sie Ihre eigene Erfahrung zu Hilfe nehmen.

Zum Beispiel erinnere ich mich, wie einmal eine Frau zu mir kam, um über den Spuk eines Kindes zu reden, das in ihrer Nachbarschaft gewohnt hatte und gestorben war.

»Es ist, als würde es zwischen zwei Welten feststecken«, sagte sie.

In Wahrheit kommt es sehr selten vor, dass Spirits auf der irdischen Ebene festsitzen. Nichts kann eine Seele davon abhalten, in die geistige Welt hinüberzugehen. Es spielt keine Rolle, ob Selbstmord, Mord oder irgendeine andere Form von Trauma mit dem Tod des Betreffenden assoziiert wird, seine Seele wird auf jeden Fall weitergehen. Was vielleicht zurückbleibt, das sind Erinnerungen – traumatische Erinnerungen. Hellseher und Medien, die sogenannte »Rettungsarbeit« leisten, beseitigen die Flecken, wenn Sie so wollen, die ein menschliches Leben zurückgelassen hat. Das ist der Grund, warum diese Arbeit traumatisierend sein kann – weil es sich dabei um Erinnerungen an traumatische Geschehnisse handelt.

Tatsächlich lassen wir alle unsere eigenen Erinnerungen an den Orten zurück, an denen wir gelebt haben – ein guter Hellseher oder besonders sensitiver Mensch kann durch das einfache Betreten eines Hauses fühlen, was den Menschen, die dort wohnten, passiert ist. Das gleiche Prinzip zeigt sich bei der Psychometrie, wo Hellseher die emotionalen Erinnerungen »lesen«, die in einem Gegenstand, der jemandem gehört hat, zurückgeblieben sind. Bei dem, was wir als Geister und Spuk wahrnehmen, handelt es sich um ähnliche Eindrücke. Sie können aktiviert werden, wenn bestimmte Personen an einem Ort auftauchen. Sensitive, medial veranlagte oder auch ängstliche Menschen bringen solche Erinnerungen an die Oberfläche. Die Betreffenden spüren sie und glauben, dass sie real sind, doch sind sie nicht real, sondern einfach nur Erinnerungen.

Angesichts dieses Wissens war mir natürlich die Sichtweise unangenehm, dass die Seele des Kindes zwischen den Welten gefangen war. Als ich der Frau überzeugend erklären konnte, dass so etwas höchst unwahrscheinlich ist, war sie beruhigt.

Es kann sein, dass Sie in Ihrer Funktion als Medium aufgerufen werden, Menschen zu helfen, die glauben, von einem Geist verfolgt zu werden. Ich habe in meinem Leben viele Fälle von sogenannter Besessenheit und Spuks erlebt. Bevor Sie an einen solchen Ort kommen, werden Sie alle möglichen Horrorgeschichten darüber hören. »In dem Raum herrscht immer eine eisige Kälte«, sagen die Leute zum Beispiel. Darauf gibt es eine einfache Antwort: Schließen Sie das Fenster! Sie wären erstaunt, wie oft der gesunde Menschenverstand in diesen Fällen aus diesem Fenster verschwunden ist, doch das liegt daran, weil die Ängste der Menschen die Oberhand gewonnen haben und sie nicht mehr vernünftig denken können.

Und was dazukommt: Wenn jemand genug Angst hat, kann ihm alles Mögliche passieren. Er erschafft es sich selbst. Was ihn dann noch mehr verwirrt und seine Ängste schürt, was wiederum dazu führt, dass das Ganze ein sich immer weiter ausdehnender Kreis der Angst wird. Wenn unsere Angst groß genug ist, kann unser Verstand uns tatsächlich auf besonders negative Weise das Leben schwer machen, wie es oft bei angeblichen Spukerscheinungen der Fall ist: Die Ängste der Menschen steigern sich ins Unendliche und werden auf sie zurückgeworfen. Manchmal kommt es vor, dass Menschen von ihren eigenen Ängsten besessen sind.

Selbst wenn der »Spuk« nicht auf Ängste oder einen emotionalen Eindruck zurückzuführen ist, den jemand auffängt, und tatsächlich etwas »Paranormales« im Gange ist, handelt es sich häufig um eine Seele, die versucht, aus irgendeinem Grund jemandes Aufmerksamkeit zu wecken. Doch Menschen, die den Kontakt mit der unsichtbaren Welt nicht gewohnt sind, werden ihre eigenen Ängste darauf projizieren. Was schnell passieren kann, wenn jemand keine Erfahrung auf diesem Gebiet hat und glaubt, dass nur diese eine Welt existiert. Also bringen Sie diesen Menschen Mitgefühl entgegen – manchmal kann es sein, dass sie bewusst um Aufmerksamkeit buhlen, doch in den meisten Fällen haben sie wirklich Angst und wissen nicht, wie sie mit der Situation, die ihnen widerfährt, umgehen sollen.

Wenn Sie eingeladen werden, in ein Haus zu kommen und selbst Zeuge von »paranormalen« Phänomenen zu werden, ist es immer gut, jemanden mitzunehmen, der einen gesunden Menschenverstand hat und mit beiden Beinen fest auf dem Boden steht. Das hilft, ein Gefühl des Normalen herzustellen und den Ängstlichen zu beruhigen; zudem ist es besser, wenn zwei Personen da sind, um zu bestätigen, was – wenn überhaupt – da passiert. Ich nehme in solchen Fällen immer jemanden mit.

Ich erinnere mich, wie ich einmal mit Tricia Robertson von der Scottish Society for Psychical Research zu einem Haus in Glasgow ging, wo zwei junge Mädchen furchtbare Angst hatten, in einem bestimmten Zimmer zu schlafen. Nach einigen simplen Fragen von Tricia und einer kurzen Einstimmung meinerseits fanden wir heraus, dass der Großvater der beiden einige Monate zuvor in besagtem Zimmer gestorben war und das alles, wovor die Mädchen Angst hatten, ihrer eigenen Fantasie entsprang. Dennoch war es unsere Aufgabe, sie zu beruhigen. Also ging ich in das Zimmer, stimmte mich ein und erhielt eine liebevolle Botschaft des verstorbenen Mannes, die besagte, dass es nichts zu fürchten gab und er sich weder in dem Zimmer aufhielt noch seinen Enkelinnen jemals Angst eingejagt hatte – die beiden hatten sich das nur eingebildet.

Wenn Sie jemals gebeten werden, einen solchen Fall zu untersuchen, und Sie sich ohne Angst und in dem echten Wunsch, den Menschen zu helfen, die auf die eine oder andere Weise gestört werden, dazu bereit erklären, werden Sie schnell in der Lage sein, die Ursache zu finden und den Betreffenden die Möglichkeit zu geben, ihr Leben frei von Angst fortzusetzen, statt sich davon behindern zu lassen.

Es ist eine Sache, gut in Ihrem Entwicklungskreis voranzukommen, und eine andere, zu erkennen, dass Sie als Medium plötzlich sehr gefragt sind. Es ist etwas völlig anderes, öffentlich zu arbeiten, fern von der Sicherheit, Freundschaft und spirituellen Kraft in Ihrem Kreis.

* Vergessen Sie nicht, dass Sie gute und schlechte Tage haben werden, wenn Sie als Medium arbeiten. Manche Demonstrationen oder privaten Readings werden sehr akkurat und befriedigend sowohl für Sie als auch für den Empfänger sein. Doch akzeptieren Sie das Gute und das nicht so Gute als Lernerfahrungen, und vergessen Sie nie, dass Sie noch nicht auf der Höhe Ihrer Fähigkeiten sind – vielleicht auch nie sein werden, weil wir alle nur Menschen sind.
* Glauben Sie nicht, dass Sie »angekommen« sind, nur weil Sie als Medium arbeiten. Sie können sich immer noch weiterentwickeln, also suchen Sie so lange wie möglich Ihren Kreis auf. Man kann nie genug lernen.
* Gehen Sie mit jeder öffentlichen Demonstration und jedem privaten Reading so um, als wäre es das erste Mal. Glauben Sie nicht, dass Sie nachlässig werden dürfen, nur weil Sie in der Vergangenheit Erfolg mit Ihrer Arbeit hatten.
* Vergessen Sie nicht, dass Personen, die aufgrund Ihrer Gabe zu Ihnen kommen, dies tun, weil sie Hilfe brauchen. Und versuchen Sie nie, Trauer

oder menschliches Leiden zu kategorisieren. Sie sind ein Bote, kein Richter.

* Verrichten Sie Ihre Arbeit immer und ausschließlich mit der Intention, Menschen helfen zu wollen. Demonstrieren Sie Ihr Talent nie, um den Anschein zu erwecken, Sie seien besonders clever oder anders als Ihre Mitmenschen.
* Beginnen Sie Ihre Arbeit als Medium oder Heiler nie, ohne zuerst die geistige Welt um Erlaubnis zu bitten. Ihre Präsenz ist es, die Ihre Arbeit überhaupt erst ermöglicht. Ihre Abwesenheit bedeutet, dass jetzt nicht der richtige Zeitpunkt ist. Und nach einer Demonstration ist es nur eine Frage der Höflichkeit, Spirit zu danken.
* Fürchten Sie nie, Spirit um Hilfe zu bitten, wenn Sie irgendwie feststecken. Selbst mitten in einer Botschaft ist es in Ordnung, sich an die geistige Welt zu wenden und innerlich um Klarheit zu bitten.
* Vergessen Sie bei allen spirituellen Praktiken niemals, freundlich und liebevoll zu sein.

13. Lernen und Lehren

> *»Jeder von uns hat die Möglichkeit, eine höhere Ebene zu erreichen. Dazu sind weder Kraft noch Mühen oder Opfer erforderlich. Im Grunde genommen müssen wir nicht mehr tun, als unsere Vorstellungen über das, was normal ist, zu verändern.«*
>
> *Deepak Chopra*

Im Laufe der Jahre und durch die fortschreitende Entwicklung meiner Fähigkeiten habe ich festgestellt, dass ich sowohl in der Lage als auch bereit bin, andere zu lehren. Ich fühle mich sehr gesegnet, fähig zu sein, mittels Seminaren und Büchern meine Erfahrungen mit anderen Menschen zu teilen und sie Spirit näherzubringen. Es ist gut möglich, dass Sie irgendwann in Ihrem Leben als Medium in der Lage sein werden, das Gleiche zu tun. Aus diesem Grund würde ich Ihnen gerne einige Ratschläge geben, die Ihnen hoffentlich helfen werden, wenn Sie mit Ihrer Arbeit als Lehrer beginnen.

Zunächst einmal sollten Sie sich alles anhören, was die einzelnen Schüler zu sagen haben. Jeder Schüler ist ein Individuum mit unterschiedlichen Fähigkeiten, Bedürfnissen und Wünschen, und es zahlt sich aus, diese Tatsache nie zu vergessen. Hören Sie auf das, was sie zu sagen haben, und finden Sie heraus, warum sie ihre Gabe entwickeln wollen. Wie ich bereits gesagt habe, ist eine neue Klasse in Entwicklung begriffener Medien mit einer Schulklasse vergleichbar: Sie müssen die Eigenschaften der einzelnen Schüler, ihre Vorlieben und Gewohnheiten, identifizieren und mit ihnen daran arbeiten, ihre Schwächen auszugleichen, genau wie Ihr Lehrer es mit Ihnen getan hat.

Und schließlich müssen Sie als Lehrer angehender Medien Geduld an den Tag legen – etwas, was Sie hoffentlich während Ihrer eigenen Entwicklung gelernt haben! Die Schüler, die sich um Sie scharen, werden auf verschiedenen Stufen ihrer Entwicklung sein und unterschiedliche Ängste und Fähigkeiten haben. Manche von ihnen werden sich hinsetzen und ihre Erfahrung rational beurteilen; andere wiederum werden vor Eifer schier platzen und es kaum erwarten können, voller Leidenschaft und in den schillerndsten Farben alles zu beschreiben, was sie gesehen und gefühlt haben; während andere wiederum schnell Angst bekommen oder vielleicht schwerwiegende emotionale Verletzungen in ihrem Leben erlitten haben. Sie sind es, die die größte Aufmerksamkeit brauchen; jedoch gehört es zu Ihren Fertigkeiten als Lehrer, dafür zu sorgen, dass alle Schüler das Gefühl haben, ausreichend Führung zu erhalten.

Außerdem werden Sie dafür sorgen müssen, dass ein Gleichgewicht in der Gruppe entsteht. Ruhige Schüler, die irgendwie leblos erscheinen, bedürfen der Inspiration, während andere, die zu Aufregung neigen, beruhigt werden müssen. In Ihrer Funktion als Lehrer verbinden Sie sozusagen die verschiedenen Energien, indem Sie diese Harmonie herstellen, um allen Mitgliedern der Gruppe ein Gefühl der Gleichheit zu geben, was wiederum dazu beitragen wird, eine stabile Verbindung mit Spirit herzustellen.

Bewusstsein und Intention

Der ganze Prozess muss langsam und korrekt ablaufen, um allen zu helfen, sich anzupassen, und nicht nur einigen wenigen. Manche Schüler werden vielleicht große Fähigkeiten in einem bestimmten Bereich aufweisen, doch dürfen Sie keine übermäßige Begeisterung dafür zeigen – als Lehrer müssen Sie immer die Zügel in der Hand halten. Es ist leicht, jemanden voreilig an die Öffentlichkeit zu lassen; der Betreffende mag den Eindruck erwecken, bereit zu sein, ist es aber aus den verschiedensten Gründen häufig nicht. Egal, wie akkurat jemand eine Botschaft weitergeben kann, Sie müssen stets bedenken, dass Ihre Schüler nicht nur lernen, Informationen zu übermitteln, sondern auch Dinge über sich selbst.

Mein eigener Fokus als Lehrer ist immer auf Selbsterkenntnis ausgerichtet: uns selbst zu erforschen und herauszufinden, wie und warum wir so handeln, wie wir es tun. Ich muss den Wunsch jedes einzelnen Schülers für seine Entwicklung genau eruieren, und ob das Tempo, das er sich selbst verschrieben hat, richtig für ihn ist oder ob er damit riskiert, sich völlig zu verausgaben. Glauben sie, dass ihre Entwicklung ein lebenslanger Prozess sein wird oder einfach nur eine vorübergehende Angelegenheit? Auf welche Weise wollen sie ihre Fähigkeiten nutzen und entwickeln?

Ich erinnere mich an einen jungen Mann, der in meinen Kreis kam, um mit uns zu arbeiten. Er war 19 Jahre alt und bereits ein fantastisches Medium: Seine Botschaften waren unglaublich detailliert, ihm unterlief fast nie ein Irrtum, und die Beweise waren klar, über jeden Zweifel erhaben und akkurat. Doch aufgrund seiner Jugend hatte er kaum etwas in seinem Leben getan, abgesehen davon, Botschaften weiterzugeben. Ich erinnere mich, dass ich ihm sagte: »Du brauchst mehr Lebenserfahrung, denn so, wie du deine Botschaften herunterrasselst, fehlt es dir an Mitgefühl.«

Das Problem war, dass er die Wirkung der von ihm empfangenen Botschaften nicht zu verstehen schien, ganz zu schweigen davon, wie er sie den Menschen weitergab. Zum Beispiel sprach er zu Leuten und sagte: »Sie haben einen Sohn verloren, und hier ist sein Name, doch müssen Sie darüber hinwegkommen« – alles in einem Atemzug. Wenn Sie eine Botschaft weitergeben, dürfen Sie einfach nicht so direkt sein. Eine solche Botschaft kann auf den Empfänger unter Umständen zutiefst erschütternd wirken. Daher kann die Art, wie Sie eine Botschaft übermitteln, genauso wichtig sein wie die Botschaft selbst. Und dazu gehört Mitgefühl, das durch Erfahrung perfektioniert wird.

Dieser junge Mann hatte einfach nicht genug Takt und Feingefühl, da er noch nie irgendwelche tiefen emotionalen Erfahrungen gemacht hatte. Er konnte den Beweis für die Präsenz von Spirit erbringen, doch vermochte er nicht die Ebene von Emotion oder Schmerz zu verstehen, mit der er es zu tun hatte.

»Du solltest regelmäßig zu unserem Kreis kommen«, sagte ich ihm. »Du musst dich entwickeln.«

Er hörte jedoch nicht darauf. Stattdessen konzentrierte er seine Bemühungen darauf, akkurate Botschaften zu übermitteln.

Es dauerte keine zwei Jahre, bis er seine Arbeit als Medium aufgab. Er hatte sich völlig verausgabt; er war desillusioniert und verstand nicht, warum er diese Arbeit machte. Er sah keinen Sinn mehr darin. Weil er kein wirkliches Wissen und – abgesehen von der Genauigkeit seiner Botschaften – keinerlei Erfahrungen mit anderen Aspekten der medialen Arbeit hatte, konnte er keinen Zusammenhang mit der emotionalen Erleichterung sehen, die er Menschen gebracht hatte. Darüber hinaus nahm er es als Resultat seines Fokus auf die Beweise sehr persönlich, wenn jemand ihm sagte: »Nein, das ist nicht richtig.« Damit konnte er nicht umgehen, weil er keine innere Kraft besaß. Und so hörte er mit seiner Arbeit als Medium auf – er stürzte ab und brannte aus.

Reality Checks

Wenn Sie als Medium oder Lehrer in diesem Bereich arbeiten, sorgen Sie immer für regelmäßige Reality Checks. Untersuchen, reflektieren und erkennen Sie, wann es notwendig ist, dass Sie in Ihren Kreis zurückkehren und mehr lernen, oder aber irgendwelche schlechten Angewohnheiten »ver«lernen, die Sie sich im Laufe der Zeit angeeignet haben.

Jedes Medium, egal wie weit fortgeschritten oder wie erfolgreich es ist, erlebt Zeiten, in denen es in den Kreis zurückgehen muss, zurück in die spirituelle Schule, um einen weiteren Kurs zu belegen. Es wird Zeiten geben, in denen Sie Ihre bestehenden Erfahrungen vertiefen und erweitern müssen, um etwas, was Spirit näher ist als die fortwährende Arbeit auf dem Podium, bei privaten Readings oder als Heiler, und Ihr Kreis wird Ihnen genau diese Möglichkeit bieten.

Entwicklung ist das, was meine Arbeit als Medium nährt, und meiner Meinung nach ist dies eine allgemeingültige Wahrheit, die auf alle Medien zutrifft. Kürzlich habe ich nach mehrjähriger Abwesenheit wieder einmal meine alten Freunde aus meinem ersten privaten Kreis besucht, und das Gefühl, wieder zusammen zu sein, war wie ein beglückendes Nach-Hause-Kommen. Sich erneut nicht nur mit einem Kreis, sondern mit den geistigen Führern seiner Mitglieder zu verbinden, fühlt sich an, als würde man alte Freunde wiedertreffen: Ein Gefühl der Sicherheit und Geborgenheit stellt sich ein, man wird mit einer Wärme und Vertrautheit willkommen geheißen, die sich fast so anfühlt wie das erste Mal, als Sie die Verbindung mit Spirit aufgenommen haben. Niemand wird Ihnen je sagen, dass Sie nicht in den Kreis zurückgehen können, manchmal mit alten Mitgliedern, während Sie vielleicht zu anderen Zeiten neue Mitglieder begrüßen und sie unterrichten.

In Wahrheit ist die Entwicklung nie abgeschlossen, weil alles, was Sie bis zu diesem Punkt getan haben, morgen völlig anders sein kann, wenn Ihnen ein anderer Mensch gegenübersitzt, für den eine Botschaft durchgegeben wird. Dem Betreffenden diese Botschaft zu übermitteln kann Ihr Verständnis vergrößern. Also denken Sie auch nach vielen Erfahrungen nie, dass Sie Ihren Höhepunkt erreicht haben. Jede Situation wird neu sein, und das ist der Grund, warum Ihre Arbeit als Medium immer wieder neu und wertvoll sein wird. Jeder Tag ist ein Tag, an dem Ihnen neue Leute begegnen, die leiden, Menschen, die Verständnis brauchen.

Einer meiner Lieblingsaspekte beim Lehren ist die Tatsache, dass die Schüler, die Sie unterrichten, Ihnen häufig selbst etwas beibringen. Die Situationen und emotionalen Hürden, die sie überwinden müssen, können sich sehr von denen unterscheiden, die Sie erlebt haben. Wenn ich irgendetwas über Entwicklung gelernt habe, dann dies: zu lehren und zu lernen ist das Aufregendste daran.

Außerdem müssen Sie darauf achten, was Spirit durch das Lehren zu vermitteln versucht. Wenn Sie angehende Medien unterrichten, bedeutet dies, dass Sie letzten Endes auch selbst von Spirit unterrichtet werden. Sie lernen genauso viel, wie Sie in einem Kreis lernen würden. Es gibt immer einen Lehrer, der mehr weiß als Sie. Aus diesem Grund kann es sehr ergreifend sein, wenn Sie andere Menschen

Dinge über die geistige Welt lehren. Sie erkennen dabei schnell, dass Sie nicht alles wissen, nur weil die Öffentlichkeit meint, Sie seien ein gutes Medium. Die höchsten Lehrer und gleichzeitig Beisitzer Ihrer Arbeit sind in der geistigen Welt zu Hause.

Die Philosophie des Geistes

Als ich zum ersten Mal einen Geistführer durch ein Medium im Trancezustand sprechen hörte, war ich völlig überwältigt. Das Medium wurde später ein guter Freund, ebenso – nehme ich an – der Geistführer. Bei der damaligen Diskussion ging es um die spirituelle Evolution der Menschheit und darum, wie wir unser spirituelles Bewusstsein verloren haben, geblendet von dem Ausbruch des Materialismus und der Konzentration auf das, was gesehen, gehört, berührt und erworben werden kann.

Das Gespräch muss ungefähr 30 Minuten gedauert haben, doch wenn ich darüber nachdenke, fühlte sich das Ganze wie eine Minute an – zumindest für mich. Ich erinnere mich genau, dass ich unbedingt bei dieser Demonstration dabei sein wollte und wie verzaubert ich war von der Wahl der Worte und dem sanften, beruhigenden Klang der Stimme des Geistführers, die das kleine Publikum von sechs Personen in ihrem Bann hielt.

Die Stimme schien von einer unerklärlichen Wärme begleitet zu sein, die uns alle irgendwie einhüllte und uns ein Gefühl von Schutz und Wohlbehagen gab. Uns wurde erklärt, dass wir versuchen sollten, die Schwingung des Klangs der geistigen Stimme nicht nur zu spüren, sondern auch zu verstehen, anstatt uns ein Bild vorzustellen, das zu den gesprochenen Worten passte. Damit war gemeint, dass wir versuchen sollten, uns dem Klang und nicht einer spezifischen Eingebung zu öffnen. Indem wir unser Herz dieser Form der Kommunikation öffnen, würden wir unser Bewusstsein von Spirit erweitern, statt auf unsere eigenen, vorgefassten Ideen zurückzufallen.

Wann immer Spirit beschließt, ein Medium in Trance zu benutzen, tut er es in der Absicht, das zu vereinfachen, was er uns lehren will. Indem er sich des Körpers und der Stimme des Mediums bedient, kann der Geistführer eine direkte Lektion vermitteln. Bei dieser Form des Lehrens sind die Spirits jedoch genauso begrenzt wie wir, da sie sich den gleichen Einschränkungen ausgesetzt sehen, die jeder Lehrer oder Philosoph erfahren wird, wenn er durch die Benutzung bloßer Worte versucht, spirituelle Erfahrungen zu beschreiben.

Spirituelle Erfahrungen werden immer durch den Symbolismus verwässert, den wir benötigen, um das zu interpretieren, was wir hinsichtlich der höheren Welten um uns herum nicht verstehen können. Das ist der Grund, warum Sie Ihr Herz aufmachen und mit Ihrem ganzen Wesen auf alles hören müssen, was ausgedrückt wird, wenn Sie das Glück haben, den Trancelehren eines erleuchteten geistigen Lehrers beizuwohnen. Erlauben Sie Ihrem Bewusstsein, auf diese Weise zu wachsen. Nur wenn Sie die gesamte Erfahrung wertschätzen können, wird sie Ihr Bewusstsein auf eine neue Ebene des Verstehens heben. Ansonsten könnten Sie genauso gut Bücher zu dem Thema lesen. Auch hier bringe ich Sie wieder zurück zu der einfachen Tatsache, dass Spirit durch alle unsere Sinne zu uns spricht.

Die Wahrheit kann wehtun

Öfter als mir lieb ist, habe ich jedoch schon sogenannte Medien in sogenannter Trance sprechen gehört, die angebliche spirituelle Botschaften an Gruppen von Menschen übermittelten, die sich zusammengefunden hatten, um etwas zu hören, von dem sie hofften, dass es die Wahrheit des Geistes ist, nur um immer wieder enttäuscht zu werden. Stattdessen bekommen sie eine Reihe von Plattitüden, die von der Geburt bis zum Tod alles abdecken, hier und da ein wenig dramatisch aufgepeppt.

Die höher entwickelten Geistwesen, die zuweilen bei diesen Gelegenheiten durchscheinen, scheinen mehr von Mitgefühl zu sprechen und fallen daher auf. Wenn man sich daran erinnert, dass Mitgefühl ein zweischneidiges Schwert ist, ist nicht alles, was von diesen höheren Wesen gesagt wird, schön und angenehm. Doch müssen Sie sich immer fragen, ob das, was Sie hören, wahr ist oder nicht.

Ich glaube, was ich hier zu sagen versuche, ist Folgendes: Lassen Sie sich nicht von Lehren, die Bilder eines falschen schönen Lebens und einer süßlichen Existenz vorgaukeln, benebeln. Vergessen Sie nicht, das Leben kann hart sein. Und die meisten aufrichtigen Lehrer werden uns auf die Wahrheit dieser Weisheit vorbereiten, indem sie uns sowohl auf die Fallgruben des Lebens hinweisen als auch an seine natürlichen Schönheiten erinnern.

Alles, was Sie brauchen …

Und dennoch, am Ende ist alles ganz einfach. Einer der kostbareren Schätze der Philosophie, die mir je von Spirit gegeben wurde, war dieser: »Lernt, einander zu lieben.«

Es mag offensichtlich scheinen, doch wenn wir erst einmal dieses Gefühl wirklich verinnerlicht und uns bewusst gemacht haben, scheint es die einzige spirituelle Führung zu sein, die wir in dieser Welt brauchen.

Nachwort

»Für mich bedeutet Spiritualismus genauso wie für andere, den geistigen Horizont zu erweitern und den Himmel hereinzulassen.«

Gerald Massey

Aufgrund meiner Erfahrung als Medium muss ich gestehen, dass es Tage gegeben hat, an denen ich trotz meiner besten Absichten und all der Schritte, die ich auf meinem Weg zurückgelegt habe, am liebsten das sprichwörtliche Handtuch geworfen hätte. Doch irgendetwas sorgte dafür, dass ich es nicht tat. Irgendjemand schien immer zur rechten Zeit am rechten Ort zu sein, um mir den nötigen Mut zum Weitermachen zu geben. Darüber bin ich sehr dankbar und sehr glücklich.

Als Medium wird es auch, wie ich bereits kurz erwähnt habe, Zeiten geben, in denen Freunde und Angehörige nicht verstehen werden und können, was es ist, das Sie antreibt, mit Ihrer Arbeit weiterzumachen. Vielleicht versuchen sie sogar, Sie davon abzuhalten, entweder weil sie fürchten, Sie irgendwie an diese andere Welt zu »verlieren« oder – was noch erschreckender für sie ist – Sie könnten sie zurücklassen. Wie Sie auf Ihrem Weg entdeckt haben, ist Angst in hohem Maße ein einschränkender Faktor. Darum fällt es Ihnen zu, anderen das Verständnis nahezubringen, wie und warum Sie Ihre

Gabe entwickeln und anwenden, und ihnen zu versichern, dass sie dies in keiner Weise ausschließt oder in Ihrem normalen Leben weniger wichtiger für Sie macht. Das ist nicht immer leicht, doch lohnt sich die Mühe in jedem Fall. Es gibt nichts, was von Ihnen verlangt, all jene zu opfern, die Sie lieben und die Ihnen am Herzen liegen, nur um ein gutes Medium zu werden.

Trotz der gelegentlichen Momente des Zweifels habe ich als Resultat meiner langen Entwicklungszeit – die bis heute anhält – einen Glauben gewonnen, von dem ich mir sicher bin, dass er wenn nötig Berge versetzen könnte, und hoffentlich genug Mitgefühl, dass es mein Leben lang ausreicht, um Trost und Erleichterung all jenen zu bringen, die ich erreichen kann. Doch noch mehr als das habe ich persönlich eine unschätzbare Freiheit erlangt, um mein Verständnis des Lebens, sowohl hier als auch jenseits, allen zu vermitteln, die bereit sind, hinzuhören.

Jedem, der an der Entwicklung seines Bewusstseins über dieses und das kommende Leben interessiert ist, entweder als Medium oder in irgendeiner anderen Kapazität, lege ich dringend ans Herz, geduldig zu sein, inneren Frieden zu bewahren, die unvermeidlichen Höhen des Lebens genauso anzunehmen wie die Tiefen, Erfolge ebenso wie Versagen zu akzeptieren. Und aus allen Erfahrungen zu lernen, dass Zufriedenheit mehr als alles andere Ihr höchster Zustand der Gnade sein kann. Und last, not least: Lernen Sie zu lieben.

Weitere Informationen

Hier sind ein paar nützliche Websites für Ausbildung und Informationen:

In Großbritannien:

www.snu.org.uk The Spiritual National Union, »die größte spiritualistische Organisation der Welt«.

www.spiritualistassociation.org.uk The Spiritualist Association of Great Britain – die andere wichtige Quelle von Informationen und Trainingsmöglichkeiten (in Großbritannien).

www.arthurfindleycollege.org Das College bietet Kurse zur Weiterentwicklung medialer Fähigkeiten an.

www.nfsh.org.uk The National Federation of Spiritual Healers, UK – eine ausgezeichnete Website mit Links, Informationen und Kontakten bezüglich Training für spirituelle Heilung in Großbritannien und weltweit.

www.psychicnewsbookshop.co.uk Die Website von Psychic News, der bekanntesten britischen Zeitschrift für alles, was mit außersinnlichen Erfahrungen, medialen Tätigkeiten und Spiritualisten zu tun hat.

In den USA und Kanada:

www.nsac.or The US National Spiritualist Association of Churches – ihre Website enthält Links, Informationen und die neuesten Nachrichten zu diesem Thema.

www.isa4usa.org The Independent Spiritualist Association, USA – die Website enthält Listen der angeschlossenen Kirchen in den USA.

www.spiritualistchurchofcanada.com Bietet Links zu den angeschlossenen Kirchen in Kanada.

Weltweit:

www.vsu.org.au/index.html The Victorian Spiritualists' Union, Australia. Die Website hält viele Empfehlungen und Adressen von Zentren in ganz Australien bereit.

www.spiritualists.org.nz The Spiritualist Church of New Zealand.

www.snui.org Der neue internationale Zweig der Spiritualist National Union in Großbritannien, dessen Website kontinuierlich auf den neuesten Stand gebracht wird.

www.theisf.com/index.htm The International Spiritualist Federation – den Schwerpunkt bildet Forschungsarbeit im spirituellen Bereich, sie bietet aber auch nützliche Kontakte.

www.spiritualist.tv Adressen und Kontaktdetails von spiritualistischen Kirchen weltweit als auch Tipps und Informationen.

Gordon Smith

Medium sein

DER INTENSIVKURS

Ein Intensivkurs für mediale Menschen, die auf diesem Gebiet Meisterschaft erreichen wollen.

240 Seiten € 19,90

ISBN 978-3-946959-58-8

Gordon Smith

Das Medium in dir und wie du es erweckst

Mediale Menschen, die "Botschaften aus dem Jenseits" übermitteln, gibt es nicht wenige. Doch wie können wir entscheiden, was echt und wahr ist – und was Fantasie, Wunschvorstellung oder ausgedachtes Drama?

216 Seiten € 19,90

ISBN 978-3-946959-53-3

Gordon Smith

Wenn Tiere lieben

Gordon Smith ist berühmt für seine kraftvollen Botschaften von Menschen aus dem Jenseits. Doch oftmals melden sich auch die Tiere, die uns im Leben nahestanden.

In diesem außergewöhnlichen Buch erzählt Gordon Smith von unglaublichen Erfahrungen, die Menschen mit ihren Haustieren machten und von seinem Hund „Frechdachs Charlie", der unerwartet in sein Leben trat, es komplett durcheinanderwirbelte und ihm mit Vertrauen, Geduld und bedingungsloser Liebe eine neue emotionale Qualität eröffnete.

Ein Buch, das auf eindrucksvolle Weise zeigt, wie tief die Verbundenheit der Tiere zu ihren Familien ist und wie groß das Verständnis für die Welt ist, die sie umgibt.

248 Seiten, viele Illustrationen € 19,90

ISBN 978-3-946959-73-1

„Das derzeit fähigste und treffsicherste Medium in Großbritannien"

Daily Mail

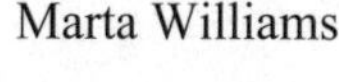

Marta Williams

Ohne Worte
Mit Tieren und Natur sprechen

Lerne die Sprache des Lebens - der Tiere, der Pflanzen, des Windes - wieder zu verstehen

200 Seiten € 18,50

ISBN 978-3-926388-80-3

M. Lingenfelter & D. Frei

Der Engel an meiner Seite

Die wahre Geschichte von Hund Cody, der sein Herrchen von Herzattacken warnt und die eines Menschen, der Cody rettete.

200 Seiten € 18.50

ISBN 978-3-926388-95-7

Verena Wymann

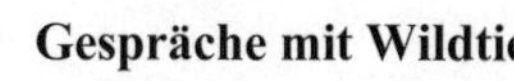

Gespräche mit Wildtieren

Die Botschaften der Wildtiere zeichnen sich durch ihre ungeschönte und mitfühlende Klarheit aus, mit der sie die heutigen Probleme von uns Menschen und unserer Umwelt benennen

176 Seiten € 16.95

ISBN 978-3-941435-07-0